中等职业教育新能源汽车类专业教材

新能源汽车常见故障诊断与排除

Xinnengyuan Qiche Changjian Guzhang
Zhenduan yu Paichu

北京教盟博飞汽车科技有限公司　组织编写
张鹏炜　主　编
包科杰　张　彦　副主编

人民交通出版社
北　京

内 容 提 要

本书为中等职业教育新能源汽车类专业教材。本书系统性地介绍新能源汽车故障警告灯识别与故障原因分析、新能源汽车故障诊断方法，新能源汽车动力系统、车载网络与先进驾驶辅助系统（ADAS）、空调及暖风系统、底盘系统、电气系统常见的故障诊断与排除，以及新能源汽车综合性能检测与评估，包括任务情境描述、任务目标、完成任务必备的知识和技能等内容。

本书适于中职新能源汽车运用与维修专业的学生使用，也适于其他汽车专业方向学生、汽修技术人员学习。

图书在版编目(CIP)数据

新能源汽车常见故障诊断与排除/张鹏炜主编. —北京：人民交通出版社股份有限公司，2024.3
ISBN 978-7-114-19264-7

Ⅰ.①新… Ⅱ.①张… Ⅲ.①新能源—汽车—故障诊断—中等专业学校—教材 Ⅳ.①U469.707

中国国家版本馆 CIP 数据核字（2024）第 037471 号

书　　名：新能源汽车常见故障诊断与排除
著　作　者：张鹏炜
责任编辑：李佳蔚
责任校对：赵媛媛
责任印制：刘高彤
出版发行：人民交通出版社
地　　址：（100011）北京市朝阳区安定门外外馆斜街 3 号
网　　址：http://www.ccpcl.com.cn
销售电话：（010）59757973
总　经　销：人民交通出版社发行部
经　　销：各地新华书店
印　　刷：北京市密东印刷有限公司
开　　本：787×1092　1/16
印　　张：15.75
字　　数：300 千
版　　次：2024 年 3 月　第 1 版
印　　次：2024 年 3 月　第 1 次印刷
书　　号：ISBN 978-7-114-19264-7
定　　价：58.00 元

（有印刷、装订质量问题的图书，由本社负责调换）

编写委员会

主　任： 尹万建　阚有波

副主任： 吴荣辉　李洪港

委　员：（按姓氏笔画排序）

　　　　　王卿宇　王　杰　包科杰　卢凯林　孙春凤
　　　　　吕　杰　朱华生　李　丹　李世朋　李港涛
　　　　　杜　伟　肖　强　张鹏炜　张振群　张　硕
　　　　　单翔鹭　周世芳　宣立成　徐艳飞　黄忠露
　　　　　曹东杰　萨维宇

汽车产业快速发展带来的交通拥堵、能源危机和环境污染是限制汽车产业发展的主要瓶颈。在党的二十大报告"推动制造业高端化、智能化、绿色化发展"方针的指引下，新能源汽车产业成为国家重点发展和大力扶持的产业。近年来，新能源汽车产业得到飞速发展，汽车后市场将需要大量新能源汽车销售、维修及其他各方面人才。目前，我国大多数职业院校都开设了新能源汽车相关专业或新能源汽车相关课程，以满足行业对人才的需求。

党的二十大报告中指出："统筹职业教育、高等教育、继续教育协同创新，推进职普融通、产教融合、科教融汇，优化职业教育类型定位。"在深度产教融合的基础上，由北京教盟博飞汽车科技有限公司和安莱（北京）汽车技术研究院课程开发团队主导，联合企业一线培训专家、维修技师及职业院校资深教师主导编写了这套新能源汽车教材，作为职业院校新能源汽车高技能人才培养的新形态教材。本套教材根据中等职业教育新能源汽车运用与维修专业及《国家技能人才培养标准及一体化课程规范》相关课程标准要求编写，全面、系统地介绍了新能源汽车的基础知识和专业技能，包括《新能源汽车概论》《新能源汽车电力电子基础》《新能源汽车维护》《新能源汽车动力蓄电池系统构造与检修》《新能源汽车驱动系统构造与检修》《混合动力汽车发动机构造与检修》《新能源汽车底盘构造与检修》《新能源汽车电气系统构造与检修》《新能源汽车充电桩系统构造与检修》《新能源汽车常见故障诊断与排除》，共10种。

《新能源汽车常见故障诊断与排除》共分为7个项目、18个任务，以大众ID.4车型为主，兼顾北汽、比亚迪、荣威、吉利等主流品牌车型。书中配有教学资源库，读者可以通过扫描书中的二维码观看相关原理及实操视频，直观地学习结构原理及操作流程；并配有实训工单及课件等教学资源。本书采用大量现场实物照片,图文并茂,彩色印刷,有利于激发学生的学习兴趣,适于中等职业教育新能源汽车运用与维修专业的学生使用,也适于其他汽车专业方向学生、汽修技术人员学习。

本书由北京教盟博飞汽车科技有限公司组织编写,天津市劳动经济学校张鹏炜担任主编,襄阳汽车职业技术学院包科杰、郑州职业技术学院张彦担任副主编,参加编写的人员还有大连市金州区职业教育中心王卿宇、郑州交通技师学院李世朋、江西交通技师学院朱华生。

在本书编写过程中,参考了大量国内外相关著作、汽车厂家的培训课件及其他文献资料,在此一并向有关作者及汽车厂家表示最真诚的感谢。

限于编者的水平,书中难免存在不当之处,敬请广大读者批评指正。

编　者
2023 年 12 月

目录 / Contents

项目一　新能源汽车故障诊断基础 ································· 001

- 任务1　新能源汽车故障警告灯识别与故障原因分析 ················· 001
- 任务2　新能源汽车故障诊断方法 ································· 008

项目二　新能源汽车动力系统故障诊断与排除 ····················· 020

- 任务1　动力蓄电池无法充电故障诊断与排除 ······················· 020
- 任务2　动力系统无法上电故障诊断与排除 ························· 028
- 任务3　电驱动系统无法驱动故障诊断与排除 ······················· 035
- 任务4　热管理系统温度过高故障诊断与排除 ······················· 041

项目三　新能源汽车车载网络和高级驾驶辅助系统（ADAS）
　　　　故障诊断与排除 ··· 049

- 任务1　车载网络系统通信故障诊断与排除 ························· 049
- 任务2　高级驾驶辅助系统（ADAS）典型故障诊断与排除 ············ 056

项目四　新能源汽车空调及暖风系统故障诊断与排除 ··············· 081

- 任务1　空调系统不制冷故障诊断与排除 ··························· 081
- 任务2　暖风系统不制热故障诊断与排除 ··························· 088

项目五 新能源汽车底盘系统故障诊断与排除 ………………………… 093

- 任务1 电控制动系统故障警告灯亮故障诊断与排除 ……………………… 093
- 任务2 电动助力转向系统转向无助力故障诊断与排除 …………………… 104

项目六 新能源汽车电气系统故障诊断与排除 ………………………… 112

- 任务1 组合仪表不显示故障诊断与排除 …………………………………… 112
- 任务2 转向信号灯不亮故障诊断与排除 …………………………………… 118
- 任务3 安全气囊及其他辅助电气系统典型故障诊断与排除 ……………… 126

项目七 新能源汽车综合性能检测与评估 ……………………………… 137

- 任务1 新能源汽车动力蓄电池性能检测与评估 …………………………… 137
- 任务2 新能源汽车安全性能检测与评估 …………………………………… 144
- 任务3 新能源汽车底盘大修维修质量检测与评估 ………………………… 153

附录 ……………………………………………………………………………… 159

参考文献 ………………………………………………………………………… 160

新能源汽车故障诊断基础

本项目介绍新能源汽车故障诊断基础,包含以下 2 个任务。

任务 1　新能源汽车故障警告灯识别与故障原因分析;

任务 2　新能源汽车故障诊断方法。

通过以上任务的学习,能够识别新能源汽车的故障警告灯并进行原因分析,掌握新能源汽车故障诊断流程分析的方法。

任务 1　新能源汽车故障警告灯识别与故障原因分析

情境描述

一辆大众 ID.4 纯电动汽车仪表上有多个故障警告灯点亮,你的主管要求你分析故障原因,你能够完成这个任务吗?

任务目标

▶ 知识目标

1. 能够描述新能源汽车仪表指示灯和故障警告灯含义;
2. 能够描述新能源汽车故障警告灯的检查方法。

▶ 技能目标

1. 能够识别纯电动汽车仪表故障警告灯,并分析可能原因;
2. 能够识别混合动力电动汽车仪表故障警告灯,并分析可能原因。

▶ 素质目标

1. 塑造职业道德,弘扬中华传统美德,展示中国工匠可信的形象;
2. 培养良好的工作态度,以科学的态度对待科学;

3.培养钻研新技术的习惯,不断提出真正解决问题的新理念新思路新办法。

知识学习

当新能源汽车出现故障时,通常在仪表上会显示出相应的故障警告灯来提醒驾驶人,整车控制器VCU会根据车辆的实际运行情况以及结合故障类型,启用相应的故障模式。

1.新能源汽车仪表指示灯和故障警告灯识别

新能源汽车仪表显示的指示灯、警告灯或提示信息,其符号或文本信息因车型不同可能有所不同,但是功能是相似的。与传统汽车一样,仪表的绿色灯是指示灯,表示对应的系统处于正常工作,如"READY"或"OK"指示灯;黄色灯是一般故障警告灯,表示提醒或一般警告,如动力蓄电池电量不足或动力蓄电池切断警告灯;红色灯是严重故障警告灯,表示车辆无法行驶或行驶可能出现严重事故,如动力蓄电池故障警告灯或驱动电机及控制器过热警告灯。

根据车型配置,某些警告灯和指示灯并不是在所有车型上均适用。常见新能源汽车仪表的指示灯和故障警告灯含义见表1-1-1,表中列举部分车型和动力系统相关的指示灯和故障警告灯,其他系统指示灯和故障警告灯请参照用户手册。

常见新能源汽车的指示灯和警告灯含义　　　　表1-1-1

指示灯/警告灯	代表车型	功能含义
⚠ (红)	大众ID.4部分车型	1级警报:车辆处于危险状态,切勿继续行驶
⚠ (黄)	大众ID.4部分车型	2级警报:车辆出现功能故障或车用油液储量不足,可能损坏车辆或导致车辆抛锚,尽快检查故障
🔌 (红)	大众ID.4部分车型	因长时间停放,动力蓄电池深度放电:动力蓄电池可能因车辆长时间停放而损坏,应进行充电
🔌 (黄)	大众ID.4部分车型	计算续驶里程有故障:车辆续驶里程计算有故障,请到特许经销商处检修

续上表

指示灯/警告灯	代表车型	功能含义
	大众 ID.4 部分车型	动力蓄电池充电提醒（电量不足报警）：当电量低于30%，动力蓄电池充电提醒灯点亮；充电到电量高于35%，动力蓄电池充电提醒灯熄灭
	大众 ID.4 所有车型	充电插头连接警告：当车辆外接充电枪连接（充电口盖开启）或者正在充电时常亮，此时车辆无法行驶
	大众 ID.4 部分车型	动力蓄电池切断警告：动力蓄电池处于切断状态时常亮
	大众 ID.4 部分车型	动力蓄电池故障警告：当动力蓄电池发生故障时常亮
	部分进口混合动力电动车型	动力蓄电池绝缘电阻低警告：系统检测到动力蓄电池绝缘电阻低（漏电）时常亮
	部分进口混合动力电动车型	动力蓄电池过热警告：系统检测到动力蓄电池过热时常亮
	大众 ID.4 部分车型	动力蓄电池电量过低：动力蓄电池的电量达到备用电量区域，应尽快充电
	大众 ID.4 部分车型	动力蓄电池故障或电量耗尽：动力蓄电池故障或续驶里程可能很短，应立即充电
	大众 ID.4 部分车型	动力系统（电驱动装置）有故障：当动力系统存在故障或降功率运行时常亮。可以继续行驶，应尽快到特许经销商处检查电驱动装置
	大众 ID.4 部分车型	动力系统（电驱动装置）严重故障：当动力系统出现严重故障，不能正常工作时常亮或闪烁。高压部件可能损坏或过热，切勿继续行驶！一旦可行且安全，应立即停车，并停放在室外；退出行驶准备就绪状态；联系特许经销商专业人员处理

续上表

指示灯/警告灯	代表车型	功能含义
	大众ID.4部分车型	行驶功率受限：行驶功率明显降低，还可能继续降低。在车外温度极低或极高的情况，电池在行驶期间会被加热或冷却，行驶功率会重新提高，指示灯将熄灭
	大众ID.4部分车型	电驱动装置即将关闭：电池电量已耗尽或温度过低，无法继续行驶。重新充电后指示灯将熄灭
	大众ID.4部分车型	转向系统功能降低：转向系统有故障，反应比平时更迟钝或更灵活。重新进入行驶准备就绪状态并缓慢短距离行驶，指示灯依然持续点亮，请前往特许经销商检修
	大众ID.4部分车型	转向系统发生故障：电控机械式转向系统或电子转向柱锁止装置故障，转向机构可能不灵活，警告灯闪烁时，转向柱无法解锁。联系特许经销商专业人员处理
	大众ID.4部分车型	低压(12V)蓄电池故障：车载电网和低压蓄电池之间连接存在故障、温度过低、电量不足。如果已经退出行驶准备就绪状态，则无法再次进入该状态
	大众ID.4部分车型	低压蓄电池无法充电(电量低)：在行驶过程中，低压蓄电池未进行充电。应关闭不需要的用电器，尽快到特许经销商检修
	大众ID.4部分车型	驱动电机(电驱动)系统故障警告：当驱动电机及控制器出现故障，不能正常工作时常亮
	大众ID.4部分车型	驱动电机及控制器过热警告：当驱动电机或电机控制器过热时常亮
	大众ID.4部分车型	冷却系统有故障：冷却液温度过高或液位过低

续上表

指示灯/警告灯	代表车型	功能含义
OK	比亚迪车型	车辆行驶准备就绪指示：只有该灯亮时，车辆才可以正常行驶，此时高压系统处于运行状态，且驾驶过程中常亮
READY	除比亚迪外的纯电动、混合动力电动车辆	

2. 新能源汽车仪表故障警告灯检查方法

1）故障警告灯的检查原则

当新能源汽车仪表出现黄色或红色故障警告灯点亮的情况后，可以遵循"一看、二查和三清"原则进行相应的检查。

（1）一看：看仪表上显示警告灯的含义，定位故障原因。

（2）二查：查故障码内容和系统状态（数据流），找到故障原因。

（3）三清：清除故障。故障排除以后，利用诊断仪重新清除故障码，从而消除仪表上的警告灯。

如果新能源汽车的仪表中出现多个故障警告灯，应该优先检查动力蓄电池及高压系统相关的故障警告灯，因为如果动力蓄电池出现故障或发生漏电故障，则动力蓄电池高压会被切断，动力蓄电池切断警告灯也会点亮，导致其他系统也无法工作，因此动力蓄电池的优先权是最高的。

2）常见故障警告灯点亮的原因及诊断与排除方法

新能源汽车控制系统正常的情况下，打开点火开关时某些指示灯或故障警告灯将点亮，在进入行驶就绪状态后或车辆处于行驶状态时，指示灯或故障警告灯应熄灭。

提示：出现故障后，首先尝试通过点火开关重复上电、断电操作能否清除故障灯，如不能，再执行下述诊断与排除方法。

（1）点火开关置于 ON 挡后，仪表 READY 或 OK 灯不亮。

可能原因：如果上电以后整车无故障，但是不能进入行驶准备就绪模式，需要先确认挡位是否在空挡或停车挡，以及制动踏板是否踩下。

诊断与排除方法：检查挡位及制动灯开关，确认正常以后再尝试起动。

（2）整车无故障，但动力性能减弱。

可能原因：动力蓄电池电量过低，或其他原因导致限功率运行。

诊断与排除方法：仪表电量低提示灯 是否点亮，如点亮请及时充电。如果仪表功率限制指示灯 点亮,应使用故障诊断仪器进行诊断,进一步查找原因。

(3)整车无故障,动力蓄电池充满电,但无法行驶。

可能原因:外接充电插头(充电枪)连接时整车不能行驶。

诊断与排除方法:如果充电连接指示灯 点亮,需要查看外接充电插头是否拔掉或充电口开启状态。

(4)点火开关置于ON挡后,仪表照明灯及所有指示灯不亮、闪烁或比较暗。

可能原因:

①仪表照明灯都不亮。低压(12V)蓄电池的端子被拆掉或者低压蓄电池严重亏电。

②仪表照明灯闪烁或者比较暗。低压蓄电池亏电。

诊断与排除方法:

①请检查低压蓄电池的桩头接线是否被拆掉,若被拆掉,请连接后再试。

②在蓄电池连接仪表照明灯不亮,说明低压蓄电池严重亏电,需更换蓄电池。

③仪表照明灯闪烁或变暗,说明低压蓄电池亏电,需要及时对低压蓄电池充电或者更换。

不更换低压蓄电池的方法:在动力蓄电池电量良好并且不处于充电状态的情况下,可以通过搭铁线将低压蓄电池与有电的低压蓄电池连接,车辆点火开关在ON挡的位置使高压接触器吸合,DC/DC变换器开始工作以后即可断开搭铁线连接,在操作过程中请注意安全,低压蓄电池正负极不要反接或短接。

提示:有些车辆需要起动以后,DC/DC变换器才会对低压蓄电池进行充电。

(5)低压蓄电池故障灯 常亮。

可能原因:

①由于存放时间过长或者过量使用蓄电池导致低压蓄电池电压较低。

②DC/DC变换器故障,不能给低压蓄电池充电。

③DC/DC变换器熔断丝熔断,低压蓄电池线路的熔断丝熔断。

④连接DC/DC变换器至低压蓄电池端的线束断路。

诊断与排除方法:

①更换低压蓄电池或者给低压蓄电池充电。

②若为DC/DC变换器不能给低压蓄电池充电的原因,需要对故障进行进一步排查。

判断DC/DC变换器是否工作的方法:仪表显示屏显示动力蓄电池电流为负值;通过电压表测试低压蓄电池两端的电压大于13V。

（6）动力蓄电池故障灯 🔋 或 🔋 常亮，整车不能进入行驶准备就绪模式。

可能原因：

①动力蓄电池管理系统（BMS）故障。

②动力蓄电池内部单体存在故障。

诊断与排除方法：

①通过诊断仪读取故障码，根据具体故障参照整车《维修手册》进行维修。

②检测高压部件请专业人员进行，禁止私自操作，必须注意高压安全事项，按照《维修手册》中要求进行维修。

（7）动力系统故障灯 🚗 常亮或者闪烁，整车不能进入行驶准备就绪模式或不能行驶。

可能原因：

①整车控制器 VCU 故障。

②整车 CAN 网络通信存在短路/断路故障。

③制动开关信号异常。

④加速踏板信号异常。

⑤变速器挡位信号异常。

⑥高压系统互锁线路故障。

⑦高压部件，例如驱动电机，电动空调压缩机或暖风加热器（PTC）驱动故障。

⑧驱动电机转矩监控（旋变传感器）故障。

⑨冷却系统温度过高或冷却风扇驱动故障。

⑩低压供电线路熔断丝熔断、继电器驱动故障。

诊断与排除方法：

通过诊断仪读取故障码，根据具体故障码内容，参照《维修手册》进行维修。

（8）动力系统故障灯和动力蓄电池故障灯不亮，动力蓄电池切断指示灯 🔋 常亮。

可能原因：

①高压继电器（接触器）盒内熔断丝断路。

②高压继电器（正极/负极/预充电）控制线束有问题。

③高压继电器本身损坏。

④预充电阻及线路失效。

诊断与排除方法：

①检查高压系统控制电路。

②此问题涉及高压检查和维修,非专业人员,禁止操作;专业人员在检查时,严格遵守操作要求,注意安全。

(9)驱动电机(电驱动)系统故障灯  常亮。

可能原因:

①驱动电机故障。

②电机控制器故障。

诊断与排除方法:

①同时出现此故障灯和动力蓄电池切断指示灯时,先检查电驱动系统故障,再检查动力蓄电池切断指示灯。

②通过诊断仪读取故障码,根据具体故障参照《维修手册》进行维修。

技能操作

参照"知识学习"的内容,必要时参考《用户手册》《维修手册》或其他技术资料,执行以下技能操作。

1. 纯电动汽车故障警告灯识别与原因分析

进行纯电动汽车仪表的指示灯/警告灯识别,并分析故障警告灯的可能原因。

2. 混合动力电动汽车故障警告灯识别与原因分析

进行混合动力电动汽车仪表的指示灯/警告灯识别,并分析故障警告灯的可能原因。

任务2 新能源汽车故障诊断方法

情境描述

一辆新能源汽车仪表上动力系统故障警告灯 点亮。你的主管要求你分析故障原因,编制诊断流程,并利用仪器进行诊断,你能够完成这个任务吗?

任务目标

知识目标
1. 能够描述新能源汽车故障与故障诊断的特点；
2. 能够描述新能源汽车基本故障诊断与排除流程；
3. 能够描述新能源汽车故障诊断与排除流程实施步骤。

技能目标
1. 能够编制与实施纯电动汽车故障诊断流程；
2. 能够编制与实施混合动力电动汽车故障诊断流程。

素质目标
1. 塑造职业道德，弘扬中华传统美德，展示中国工匠可信的形象；
2. 培养良好的工作态度，以科学的态度对待科学；
3. 培养钻研新技术的习惯，不断提出真正解决问题的新理念新思路新办法。

知识学习

1. 新能源汽车故障与故障诊断的特点

新能源汽车故障与故障诊断有以下特点。

（1）新能源汽车是在传统汽车的基础上发展起来的，底盘及车身电气系统的技术相对成熟可靠，故障率较低，故障诊断与排除方法与传统汽车基本一致。

（2）新能源汽车动力系统采用电驱动系统，电子控制集成化程度高，电控系统自我诊断功能也更加完善，因此进行新能源汽车故障诊断时，应根据故障警告灯的提示，采用诊断仪器读取故障码和分析数据流，从而快速查找故障原因。

（3）由于新能源汽车具有高压系统，故障诊断与排除时应注意高压安全防护。另外，新能源汽车故障诊断与排除时还需要采用绝缘测试仪、钳形电流表以及绝缘拆装工具等传统汽车很少采用的工具设备。

2. 汽车基本故障诊断与排除流程

与传统汽车故障诊断与排除一样，新能源汽车发生故障时，制订"基本故障诊断与排除流程"可以为技术人员提供诊断思路，也能提高车辆故障的诊断和排除效率。

"基本故障诊断与排除流程"是进行汽车故障诊断与排除工作需要遵循的基本原则，虽然在实际诊断维修过程中，凭借个人的经验和维修案例，有时可以直接找到故障点，但是对于复杂的故障及经验不足的维修人员，根据"基本故障诊断与排除流程"便于理清维修思路,按部就班地查找故障直至排除故障。

汽车制造厂商提供的"基本故障诊断与排除流程"如图 1-2-1 所示,流程内容说明如下。

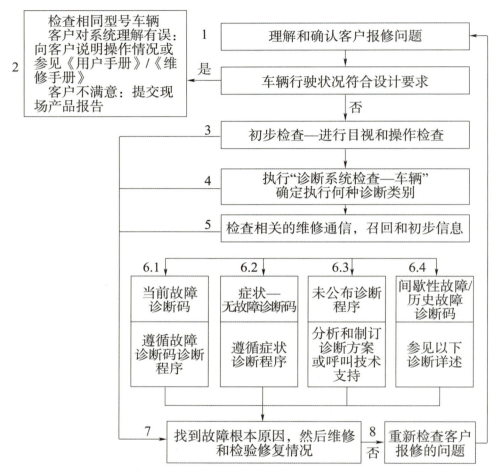

图 1-2-1 汽车基本故障诊断与排除流程

1)理解并确认客户报修问题

故障诊断流程的第一步是尽可能多了解客户车辆使用和故障发生时的情况。例如,这个故障现象是何时、何处出现?该状况持续了多长时间?该状况多久发生一次?为了确认客户报修问题,首先必须掌握故障发生时的各种情况。

2)确认车辆行驶状况

确认客户描述的故障是否真实存在。如果车辆正常运行时,会存在该情况,那么客户描述的故障现象可能属于正常情况。在与客户描述情况相同的条件下,与操作正常的类似车辆进行比较,如果其他车辆存在类似情况,那么这可能是车辆的设计原因(设计缺陷或属于正常的现象)。如果客户反应的问题是正常现象,或是客户操作不当造成的,则应对客户进行解释,并指导正确的操作方法。

3)进行初步检查(预检)

如果故障确实存在,应对车辆进行预检,内容包括:

(1)对车辆进行外观的全面检查。

(2)检测车辆是否有异常的响声或异味。

(3)利用诊断仪器读取故障码(DTC诊断码)和数据流等信息,以便快速有效地排除故障。

4)执行系统化的车辆诊断与检查

通过预检获取的信息,针对故障区域进行系统化地诊断和确认,确认系统工作是否正常并确定执行何种诊断类别。

5)查询或检索相关的故障案例信息

查阅已有的故障案例信息,确定是否之前已有这样的故障维修案例,这样可以最大限度地缩短后期维修和诊断的时间。

6)确定诊断类别

(1)诊断类别1:车辆的控制系统存在当前故障码。应按照故障码的内容进行诊断,以便快速有效地诊断和维修。

(2)诊断类别2:车辆的控制系统无存储故障码。选择厂家《维修手册》已经公布的症状诊断程序,按照症状诊断思路和步骤进行诊断、维修。

(3)诊断类别3:厂家没有已公布的诊断程序。分析问题,编制诊断方案。从《维修手册》中查看故障系统的电源、搭铁、输入和输出电路,确定接插件和其他多条电路相连接的部位。查看部件的位置,确认部件、接插件或线束是否暴露在极端温度或湿度环境,以及是否会接触到其他具有腐蚀性的蓄电池电解液、机油或其他油液。

(4)诊断类别4:车辆的控制系统存储有间歇性/历史故障码。间歇性故障是一种不连续出现、很难重现,且只在条件符合时发生的故障。一般情况下,间歇性故障是由电气接插件和线束故障、部件故障、电磁/无线电频率干扰、行驶状况导致的。以下方法或工具有利于定位和修理间歇性故障或历史故障。

①结合专业知识和可用的维修信息。

②准确分析和判断客户描述的症状和状况。

③使用有数据流记录功能的故障诊断仪、数字式万用表和示波器等检测设备。

7）找到故障根本原因，然后维修并检验修复情况

找到故障根本原因后，进行维修并检验是否正确操作，确认故障码或症状已消除。

8）重新检查客户报修问题

如果诊断流程结束后未能找到故障所在，应重新进行检查，必要时再次确认客户报修故障是否有误。

3. 新能源汽车故障诊断与排除流程实施步骤

新能源汽车故障诊断与排除流程实施步骤如下。

1）故障诊断前注意事项

必须查询并依据新能源汽车《维修手册》的步骤操作。

（1）新能源汽车高压电气系统具有高电压，为了保证安全，所有的高压电路均已采取密封或隔离措施，高压电线束采用醒目的橙色加以区分。《维修手册》上清楚标注出所有橙色线为高压导线。

（2）必须注意"READY"或"OK"指示灯，"READY"或"OK"灯点亮表示车辆动力系统正处于运转或就绪状态。对于混合动力电动车辆，发动机可能在待运转或运转中，以此判断车辆此时是处于工作还是停机状态。注意"READY"或"OK"指示灯熄灭后电源可能仍会持续数分钟供电。

在对车辆维修工作之前，都要确保"READY"或"OK"指示灯是熄灭的，因此必须关闭点火开关，把车辆钥匙取出并远离车辆。

（3）在维护与检修车辆时按规定着装，禁止佩戴首饰、手表、钥匙等。维护与检修时准备吸水毛巾或布、灭火器、绝缘胶布、拆装工具、万用表等检测工具和设备，必须选用电工作业专用的绝缘、耐碱性的橡胶手套及防碱性的鞋子和护目镜，防止电解液溢出等造成的意外伤害。

2）诊断与排除前准备工作

对新能源汽车进行诊断、维修、处理损坏车辆、进行事故恢复或急救工作时，如果需要接触到高压系统，首先必须禁用高压系统（高压断电操作与检验），具体方法如下。

（1）变速器挡位开关置于P挡位置，设置驻车制动，取出车辆钥匙。

（2）断开低压（12V）蓄电池负极端子。

（3）佩戴绝缘手套拆下手动维修开关，将手动维修开关插座用绝缘胶布贴封起来，隔离外露区域与高压系统的接线端或连接器。大众ID.4纯电动汽车维修开关位于前机舱，如图1-2-2所示；丰田混合动力电动汽车维修开关位于动力蓄电池上，如图1-2-3所示。

图 1-2-2　大众 ID.4 纯电动汽车维修开关　　图 1-2-3　丰田混合动力电动汽车维修开关

（4）断开手动维修开关后,在开始检查前等待 5~10min,使用万用表检测需要维修的高压系统输入与输出线路的电压,电压读数必须小于规定值(一般小于 3V)。

更多详细的安全操作步骤和注意事项,请参考相关教材及《维修手册》对应内容。

3）诊断与排除基本步骤

（1）第一步:通过询问驾驶人、试车等方法,初步检查和判断故障前的行驶状况、故障时车辆状况及相关信息并进行分析。

新能源汽车都会对故障进行等级划分,根据故障级别采取对应的失效保护模式。新能源汽车在故障状态下,一般会进入失效保护模式。不同级别故障有对应的故障名称、故障码以及失效保护模式。虽然不同的汽车制造厂商设计的故障等级和失效保护模式不一定相同,但是主要的动力驱动系统模式却很相似。另外,不同汽车品牌、不同批次车辆,相同的故障名称可能会有不同故障码,以故障诊断仪器显示的故障码和解释为准。实际维修工作中,可以利用故障诊断仪读取数据流,根据实际数值进一步确定故障级别。例如,动力蓄电池单体温度 45℃时是三级故障;50℃时是二级故障;55℃时是一级故障(各品牌动力蓄电池数据有差异)。

纯电动汽车划分的故障等级及失效保护模式(对整车的影响)见表 1-2-1,说明如下。

纯电动汽车的故障等级及失效保护模式　　　　　表 1-2-1

故障级别	故障名称	故障码	失效保护模式
一级故障	单体电池电压过压	P0004	1.行车模式:动力蓄电池放电电流降为 0,断高压,无法行车。 2.车载充电:请求停止充电/停止加热,主正、主负继电器断开。 3.直流快充:BMS 发送终止充电控制信号,主正、主负继电器断开
	动力蓄电池外部短路（放电过流）	P0006	
	温度过高	P0007	
	动力蓄电池内部短路	P0014	

续上表

故障级别	故障名称	故障码	失效保护模式
二级故障	单体电池电压欠压	P0269	行车模式:限功率至放电电流25A
	BMS内部通信故障	P0279	1. 行车模式:限功率至放电电流25A,"最大允许充电电流"调整为0。 2. 充电模式:BMS发送请求停止充电,如果上报故障后2s内未收到响应,BMS主动断开高压继电器或加热继电器
	BMS硬件故障	P0284	
	BMS与车载充电机通信故障	P0283	车载充电模式:BMS请求停止充电,或请求停止加热,如果上报故障后2s内未收到响应,BMS主动断开高压继电器或加热继电器
	温度过高	P0258	行车模式:限功率至放电电流25A,"最大允许充电电流"调整为0
	绝缘电阻过低	P0276	1. 行车模式:限功率至放电电流25A,"最大允许充电电流"调整为0。 2. 充电模式:BMS发送请求停止充电,如果上报故障后2s内未收到响应,BMS主动断开高压继电器或加热继电器
	加热元件故障	P0281-1	充电模式:BMS请求停止加热,如果上报故障后2s内未收到响应,BMS主动断开加热继电器
三级故障	温度过高故障	P1043	行车模式:放电功率降为当前状态的50%
	绝缘电阻过低	P1047	上报不处理。重新上电后没故障则恢复
	单体电池电压不均衡	P1046	行车模式:放电功率降为当前状态的40%
	单体电池电压欠压	P1040	
	单体电池温度不均衡	P1045	上报不处理。重新上电后没故障则恢复
	动力蓄电池放电过流	P1042	行车模式:放电功率降为当前状态的50%

①一级故障(非常严重):一级故障可能会造成整车出现严重的安全事故,如起火、爆炸、触电等,BMS向VCU上报该故障。动力蓄电池在正常工作下不会上

报该故障,BMS一旦上报该故障则表明动力蓄电池处于严重故障或滥用状态。

②二级故障(严重):BMS上报该故障会造成整车进入跛行、暂时停止能量回收、停止充电等现象。动力蓄电池正常工作时不会上报该故障,BMS一旦上报该故障表明动力蓄电池硬件出现故障或动力蓄电池处于非正常工作的条件下。

③三级故障(轻微):BMS上报该故障对整车无影响或造成整车进入限功率行驶状态。动力蓄电池正常工作状态也可能上报该故障,BMS一旦上报该故障表明动力蓄电池处于极限环境温度下或单体电池一致性出现一定劣化等。

混合动力电动汽车(以丰田混合动力电动汽车为例)失效保护模式,见表1-2-2。

丰田混合动力电动汽车失效保护模式举例　　表1-2-2

故障举例	故障:× 正常:○				车辆故障状态
	发动机	动力蓄电池	驱动电机(MG2)	发电机(MG1)	
MG1的旋变传感器失效	×	○	○	×	驱动电机正常,但发动机不能起动,即MG1发电机失效。输出功率降低
MG2的旋变传感器失效	○	○	×	○	发动机能够被起动,但是车辆不能被驱动,即MG2驱动电机失效
动力蓄电池管理系统内部故障	×	继电器保持断开	×	×	车辆不能被驱动
动力蓄电池自身故障	×	继电器保持断开	×	×	车辆不能被驱动
温度传感器等故障	○	○	○	○	车辆正常被驱动或驱动功率降低,仪表故障警告灯点亮

(2)第二步:采用故障诊断仪读取并记录整车控制器 VCU、动力蓄电池管理系统 BMS 及其他高压系统中的所有故障码,确认所有故障码的具体含义。故障诊断仪读取到大众 ID.4 纯电动汽车动力蓄电池充电系统(高电压蓄电池充电装置)的故障码,如图 1-2-4 所示。

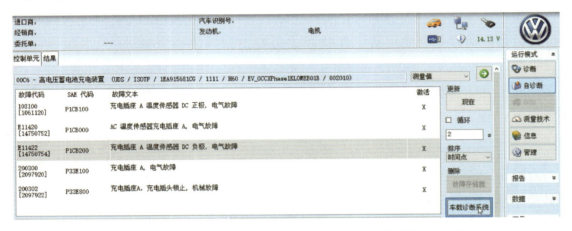

图 1-2-4　大众 ID.4 纯电动汽车动力蓄电池充电系统的故障码

(3)第三步:检查并记录每一个系统的当前和历史记录数据流。当前和历史记录数据流可以被用作故障再现试验,因为它表明了在故障被检测到时车辆行驶和操作的状态。故障诊断仪读取到大众 ID.4 纯电动汽车动力蓄电池充电系统(高电压蓄电池充电装置)的数据流,如图 1-2-5 所示。

图 1-2-5　大众 ID.4 纯电动汽车动力蓄电池充电系统的数据流

(4)第四步:在分析故障码时,需要区分与当前诊断的故障不关联的故障码。

有些故障码是因为诊断操作中断开过相关的接插件造成的,或者是其他系统的故障,与当前诊断的故障无关。

(5)第五步:根据故障诊断的需要,执行主动测试功能(也称"执行元件诊断"或"动作测试")应用。主动测试主要用于对新能源车辆执行元件进行故障检查,并使车辆保持特定的运行状态。大众 ID.4 纯电动汽车故障诊断仪具备控制单元自诊断功能,可以使用诊断仪器指令对应的元件(如 ABS 液压泵电机)动作,判断元件及控制线路是否正常,如图 1-2-6 所示。

图 1-2-6　大众 ID.4 纯电动汽车故障诊断仪控制单元的自诊断功能

(6)第六步:根据以上步骤诊断的结果,参照《维修手册》的维修操作规范,对故障点进行调整、修复、更换等操作。

4)维修后检验

维修后应试车,必要时进行路试,确认仪表故障警告灯正常,相关系统的控制单元没有存储故障码,相关系统的功能工作正常。

(1)第一步:将点火开关置于 OFF 位置。

(2)第二步:安装所有诊断与排除时拆下或更换的部件或连接器。

(3)第三步:在拆下、更换部件或控制单元时,可能还需重新进行程序的设定(编程复位)。

(4)第四步:将点火开关置于 ON 位置。

(5)第五步:清除故障码。

(6)第六步:将点火开关置于 OFF 位置持续 60s。

(7)第七步:再次试车,运行故障码的条件后重新读取故障码,以便确认系统不再设置故障码。

技能操作

参照"知识学习"的内容,必要时参考《用户手册》《维修手册》或其他技术资料,执行以下技能操作。

1. 编制与实施纯电动汽车故障诊断流程

1)任务分析及讨论

举例车型:大众ID.4纯电动汽车。

故障现象:仪表上动力系统故障警告灯点亮。

任务要求:进行分组讨论。

主要讨论的内容应包括:

(1)当仪表出现动力系统故障警告灯后,应该进一步获取的信息。

(2)进行故障诊断与排除之前的注意事项、工具设备及安全操作。

(3)故障诊断与排除的基本思路和步骤。

根据讨论的结果,执行以下操作。

2)诊断与排除前注意事项和准备工作

(1)阅读并理解"安全须知"。

(2)准备并检查安全防护装备和诊断与排除需要的工具设备。

(3)根据诊断与排除需要执行高压安全断电与检验操作。

3)诊断与排除操作

(1)车辆检查和判断车辆故障状况。

(2)使用故障诊断仪对车辆进行故障诊断,读取故障码、分析数据流,必要时对电控系统执行元件进行主动测试。

(3)根据以上步骤诊断的结果,参照《维修手册》的维修操作规范,对故障点进行调整、修复、更换等操作。

(4)执行维修后检验。试车,必要时进行路试,确认仪表故障警告灯正常,相关系统的控制单元没有存储故障码,相关系统的功能工作正常。

2. 编制与实施混合动力电动汽车故障诊断流程

1)任务分析及讨论

举例车型:丰田混合动力电动汽车。

故障现象:仪表上动力系统和发动机电控系统故障警告灯同时点亮。

任务要求:进行分组讨论。

主要讨论的内容应包括:

(1)当仪表出现动力系统、发动机电控系统故障警告灯后,应该进一步获取的信息。

(2)故障诊断与排除之前的注意事项、工具设备及安全操作。

(3)故障诊断与排除的基本思路和步骤。

根据讨论的结果,执行以下操作。

2)诊断与排除前注意事项和准备工作

(1)阅读并理解"安全须知"。

(2)准备并检查安全防护装备和诊断与排除需要的工具设备。

(3)根据诊断与排除需要执行高压安全断电与检验操作。

3)诊断与排除操作

(1)车辆检查和判断车辆故障状况。

(2)使用故障诊断仪对车辆进行故障诊断,读取故障码、分析数据流,必要时对电控系统执行元件进行主动测试。

(3)根据以上步骤诊断的结果,参照《维修手册》的维修操作规范,对故障点进行调整、修复、更换等操作。

(4)执行维修后检验。试车,必要时进行路试,确认仪表故障警告灯正常,相关系统的控制单元没有存储故障码,相关系统的功能工作正常。

项目二
新能源汽车动力系统故障诊断与排除

本项目介绍新能源汽车动力系统故障诊断与排除的方法,包含以下 4 个任务。

任务 1　动力蓄电池无法充电故障诊断与排除;
任务 2　动力系统无法上电故障诊断与排除;
任务 3　电驱动系统无法驱动故障诊断与排除;
任务 4　热管理系统温度过高故障诊断与排除。

通过以上任务的学习,能够胜任新能源汽车动力系统故障诊断与排除工作,并严格执行企业安全生产制度、环保管理制度和"7S"管理规定,具备独立分析与解决专业问题的能力。

任务 1　动力蓄电池无法充电故障诊断与排除

情境描述

一辆大众 ID.4 纯电动汽车插上充电器(充电枪)时,组合仪表充电连接指示灯不亮,无法完成充电。你的主管要求你分析故障原因,并排除故障,你能完成这个任务吗?

任务目标

▶ 知识目标

1. 能够描述新能源汽车充电系统故障诊断与排除方法;
2. 能够描述新能源汽车充电连接指示灯不亮故障诊断与排除流程。

▶▶ **技能目标**

1. 能够编制新能源汽车充电连接指示灯不亮故障诊断与排除方案;
2. 能够实施新能源汽车充电连接指示灯不亮故障诊断与排除。

▶▶ **素质目标**

1. 塑造职业道德,弘扬中华传统美德,展示中国工匠可信的形象;
2. 培养良好的工作态度,以科学的态度对待科学;
3. 培养钻研新技术的习惯,不断提出真正解决问题的新理念新思路新办法。

知识学习

新能源汽车充电系统故障原因比较复杂,外部充电桩、车载充电机、动力蓄电池及管理系统、高压电路、整车控制和通信都有可能造成无法充电的故障,检修时必须掌握充电系统的结构和原理,根据故障诊断与排除流程操作。

1. 新能源汽车充电系统故障诊断与排除方法

1) 充电系统故障诊断与排除注意事项

充电系统故障诊断与排除过程中需要注意的事项如下。

(1) 确认充电桩供电电源正常。
(2) 确认充电桩及供电线路无安全隐患。
(3) 确定车辆满足充电条件,特别是动力蓄电池内部单体电池的电压和温度。
(4) 充电操作及故障诊断与排除过程中严格遵守高压安全操作规范。

2) 充电系统典型的故障现象诊断与排除

充电系统典型的故障现象诊断与排除方法,见表2-1-1。序号表示故障原因可能性排序,按照该顺序检查每个部件及线路,根据需要进行维修、更换损坏的部件或线路。

充电系统故障诊断与排除 表2-1-1

故障现象	可能原因	排除方法
仅交流(慢充)无法充电	1. 交流充电桩电源或充电器(连接装置或充电枪)故障	检修供电电源、更换充电桩(充电器)
	2. 交流充电口高压、低压线路断路	维修或更换相关线束
	3. 车载充电机故障	更换车载充电机
	4. 交流充电相关的通信线路断路或短路	维修或更换相关线束

续上表

故障现象	可能原因	排除方法
仅直流(快充)无法充电	1. 直流充电桩电源或充电器(连接装置或充电枪)故障	检修供电电源、更换充电桩(充电器)
	2. 直流充电口高压、低压线路断路	维修或更换相关线束
	3. 充电桩与车辆通信协议不匹配	检查充电桩与 BMS 软件版本是否匹配,若不匹配,则进行升级或更换
	4. 直流充电相关的通信线路断路或短路	维修相关搭铁或更换线束
直流(快充)和交流(慢充)都无法充电	1. 动力蓄电池故障(单体电池的电压、温度不正常)	检修动力蓄电池
	2. 高压电路断路或绝缘故障	维修或更换相关线束
	3. 充电相关的通信线路断路或短路	维修相关搭铁或更换线束

2. 新能源汽车充电连接指示灯不亮故障诊断与排除流程

以充电连接指示灯不亮为例,介绍新能源汽车充电系统故障诊断与排除流程。

1) 充电连接指示灯不亮的故障现象

当充电器连接到充电口(充电插座)后,组合仪表应点亮红色的充电连接指示灯。如果充电连接指示灯不亮,说明充电连接不正常,车辆无法充电,应进行检修。

2) 充电连接指示灯不亮的可能原因

充电连接指示灯不亮的原因是车辆充电口未识别到充电器,车辆无法充电。新能源汽车无法充电的故障可能原因如下。

(1) 充电桩或充电器及电源不良。

(2) 车辆充电口(充电插座)不良。

(3) 车载充电机(交流慢充)不良。

(4) 充电系统高低压线束不良。

(5) 动力蓄电池已充满或充电条件(电压、温度、通信等)不满足。

3) 充电连接指示灯不亮的故障诊断流程

新能源汽车充电连接指示灯不亮的故障诊断与排除流程，见表2-1-2。

充电连接指示灯不亮的故障诊断与排除流程 表2-1-2

步骤	检测及诊断操作	诊断结果	是	否
1	使用诊断仪读取充电相关的系统的故障码及数据流	是否有相关故障代码及异常数据	根据异常内容检修	下一步
2	检测充电桩或充电器端子	是否正常	下一步	更换或修复
3	目视检查车载充电机、充电口相关的高低压线束	是否有断路、脱落及其他损坏	更换或修复	重复以上步骤

技能操作

参照"知识学习"的内容，必要时参考《用户手册》《维修手册》或其他技术资料，执行以下技能操作。

1. 编制新能源汽车充电连接指示灯不亮故障诊断与排除方案

工作流程提示：

①汽车维修工从车间主管或班组长处接受车辆维修任务。

②阅读维修工单，明确任务要求。

③确认车辆故障的现象并实施基本检查。

④通过查阅《维修手册》、维修案例等资料，制订相应的故障诊断方案。

⑤使用各种检测仪器、设备对车辆进行综合检测、甚至需要对可疑故障部位进行拆检，记录并分析检测数据、确定故障点。

⑥制订经济、合理的修复方案，经客户同意后实施修复。

⑦自检合格后交付班组长或质检员进行质量检验。

⑧作业过程中，作业区域应干燥，并设置警示隔离区和警示牌。作业过程中，汽车维修工应严格遵守汽车生产厂家制定的安全操作规程、企业内部检验规范、安全生产制度、环保管理制度以及"7S"管理规定。

大众 ID.4 纯电动汽车充电连接指示灯不亮故障诊断与排除

1）接受工作任务，明确任务内容

（1）从车间主管或班组长处接受车辆维修任务。

（2）阅读维修工单，明确任务要求。

（3）必要时与业务接待员、客户沟通，提前列出需要问诊的内容。

（4）利用故障现象再现方法，确认故障现象。

2）编制故障诊断与排除方案

（1）查阅《维修手册》及其他维修技术资料，画出充电口端子（针脚）内容示意图。大众 ID.4 充电口实物图，如图 2-1-1 所示；交流（慢充）充电口端子示意图，如图 2-1-2 所示；直流（快充）充电口端子内容示意图，如图 2-1-3 所示。

图 2-1-1　大众 ID.4 充电口

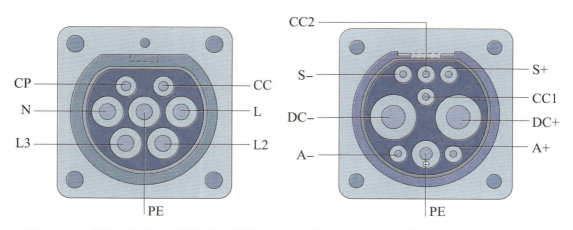

图 2-1-2　交流（慢充）口端子内容说明　　图 2-1-3　直流（快充）口端子内容说明

提示：目前市场上车型充电口（充电插座）端子均符合国家标准。充电口线路连接请参阅实际对应车型的电路图。

交流（慢充）充电口各端子的内容说明如下。

① CC 端子为充电连接确认。车辆充电系统通过 CC 与 PE（车身搭铁）之间

的电阻值来判断充电器插头是否与车辆插座完全连接(组合仪表充电连接指示灯点亮信号来源),并根据电阻值确认充电枪的功率。CC 与 PE 之间的电阻值对应充电器功率,随车配置的 3.3kW 充电器电阻值为 680Ω。

②CP 端子为充电控制确认。车辆充电系统通过 CP 的 PWM 脉冲占空比确认当前供电设备支持的最大充电电流。

③L 端子为交流电源(单相)。

④L2 端子为交流电源(三相)。

⑤L3 端子为交流电源(三相)。

⑥N 端子为中线(单相、三相)。

⑦PE 端子为保护搭铁线。

直流(快充)充电口各端子的内容说明如下。

①DC + 端子为直流电源正极。

②DC − 端子为直流电源负极。

③S + 端子为充电通信 CAN-H。

④S − 端子为充电通信 CAN-L。

⑤CC1 端子为充电确认线,充电桩确认充电器是否插好(充电口端与车身地 1kΩ ± 30Ω)。

⑥CC2 端子为充电确认线,车辆确认充电器是否插好(充电口端与车身地导通)。

⑦A + 端子为低压辅助电源正极。

⑧A − 端子为低压辅助电源负极。

⑨PE 端子为保护搭铁线。

(2)根据故障现象,分析故障可能产生的原因及理由,编制新能源汽车充电连接指示灯不亮的故障诊断与排除方案,并画出故障诊断与排除流程图(表 2-1-2)。

(3)列出故障检修过程中需要注意的事项。

2. 实施新能源汽车充电连接指示灯不亮故障诊断与排除

1)对故障车辆进行诊断并排除故障

(1)验证故障现象。连接慢充充电枪,仪表充电连接指示灯(红色插头指示灯不亮)。交流充电器连接的情形,如图 2-1-4 所示;组合仪表内充电连接指示灯点亮与不亮对比,如图 2-1-5 所示。

(2)使用诊断仪器读取故障码。诊断仪器读取到充电系统相关的故障码,如图 2-1-6 所示。根据故障码的内容,可以判断交流充电口(充电插座 A)线路存在严重的问题。

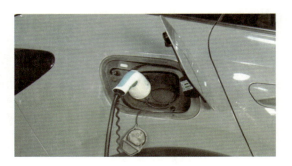

图 2-1-4　交流充电器连接

a）充电连接指示灯点亮　　　　　b）充电连接指示灯不亮

图 2-1-5　组合仪表充电连接指示灯

图 2-1-6　充电系统相关的故障码

（3）检查充电器。使用万用表检测充电器 CC-PE 针脚之间的电阻值，如图 2-1-7 所示。充电器 CC-PE 针脚之间的电阻值为 680Ω，在正常范围内，说明充电器正常。

（4）检查充电系统线路。车辆充电口 CC 端子到车载充电机之间线路断路是造成充电连接指示灯不亮的原因。大众 ID.4 纯电动汽车充电线束接插件检测，如图 2-1-8 所示。充电口位于行李舱接插件虚接,对其进行修复。

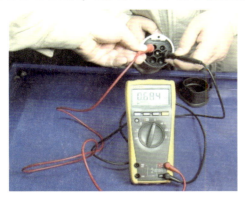
图 2-1-7 充电器电阻值检测

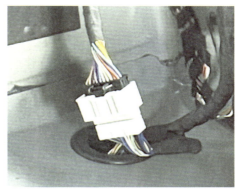
图 2-1-8 大众 ID.4 纯电动汽车充电线束接插件检测

(5)诊断仪器清除故障码。使用诊断仪器清除充电系统相关故障码,故障码可以完全清除,如图 2-1-9 所示。

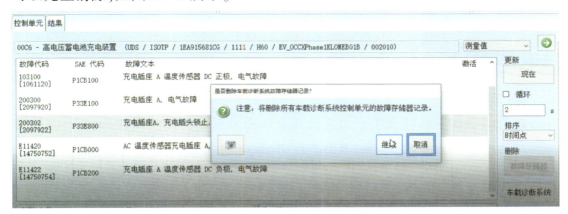
图 2-1-9 诊断仪器清除故障码

(6)确认故障排除。进行以上检修以后,重新进行充电操作,连接充电器后,组合仪表充电连接指示灯点亮,能够正常充电,如图 2-1-10 所示。

图 2-1-10 组合仪表充电连接指示灯正常点亮

新能源汽车常见故障诊断与排除

2）进行质量检验，确认故障排除

（1）自检合格后，填写"维修作业记录表"（维修工单）并签字确认，交付班组长或质检员进行质量检验。

（2）在工作过程中遵循现场工作管理规范，完成"7S"管理规定。

任务2　动力系统无法上电故障诊断与排除

📖 情境描述

一辆大众 ID.4 纯电动汽车，点火开关打开后，组合仪表动力系统故障指示灯点亮，但"READY"准备就绪指示灯不亮，动力系统无法上高压电。你的主管要求你分析故障原因，并排除故障，你能完成这个任务吗？

📖 任务目标

▶ 知识目标

1. 能够描述新能源汽车动力系统无法上电故障诊断与排除方法；
2. 能够描述新能源汽车"READY"准备就绪指示灯不亮故障诊断与排除流程。

▶ 技能目标

1. 能够编制新能源汽车"READY"准备就绪指示灯不亮故障诊断与排除方案；
2. 能够实施新能源汽车"READY"准备就绪指示灯不亮故障诊断与排除。

▶ 素质目标

1. 塑造职业道德，弘扬中华传统美德，展示中国工匠可信的形象；
2. 培养良好的工作态度，以科学的态度对待科学；
3. 培养钻研新技术的习惯，不断提出真正解决问题的新理念新思路新办法。

👥 知识学习

新能源汽车整车控制系统分为若干个子系统，各子系统之间通过 CAN 总线或 LIN 总线进行信息交换。当低压、高压系统或某个部件出现故障时，将导致车辆部分功能无法正常工作或动力系统无法上电。因此，在进行整车控制系统故障检修时，必须根据整车控制策略，以及各部件的检测方法，然后根据故障诊断与排除流程操作。

1. 新能源汽车动力系统无法上电故障诊断与排除方法

1）整车控制系统故障诊断与排除注意事项

新能源汽车上电、下电由整车控制系统控制。整车控制系统故障诊断与排除过程中需要注意的事项如下。

（1）确认低压蓄电池电压及点火（起动）开关供电线路正常。

（2）确认动力蓄电池电压、温度、电量正常。

（3）检查确认各高压、低压线束及接插件连接线无短路、断路或松脱。

（4）整车控制器 VCU 及整车控制系统组成部件的检查主要包括外观检查，以及使用故障诊断仪读取故障码和分析数据流。维修过程中根据检查的结果进行相应的处理。

（5）高压系统故障诊断与排除过程中严格遵守高压安全操作规范。

2）整车控制系统典型的故障现象诊断与排除

整车无法上电是新能源汽车整车控制系统的典型故障。整车无法上电故障诊断与排除，见表 2-2-1，序号表示故障原因可能性排序，按照该顺序检查每个部件及线路，根据需要进行维修、更换损坏的部件或线路。

整车无法上电故障诊断与排除　　　　表 2-2-1

故障现象	可能原因	排除方法
整车控制器 VCU 检测不到点火开关 ON 挡信号	1. 点火（起动）开关及线路故障	检修点火开关及线路，更换点火开关或修复线路
	2. 整车控制器 VCU 及线路故障	检修 VCU 硬件及线路，更换 VCU 或修复线路
整车控制器 VCU 检测不到制动开关信号	1. 制动开关及线路故障	检修制动开关及线路，更换制动开关或修复线路
	2. 整车控制器 VCU 及线路故障	检修 VCU 硬件及线路，更换 VCU 或修复线路

续上表

故障现象	可能原因	排除方法
整车控制器VCU未被唤醒	1. 蓄电池电压过低	诊断仪读取是否有低压蓄电池电压过低故障，如有，给蓄电池充电或者更换蓄电池
	2. 整车控制器VCU的唤醒电源断路	检查点火开关ON挡到VCU的唤醒电源线路，修复不良线路
	3. 整车控制器VCU硬件损坏	更换VCU
动力蓄电池管理系统BMS/驱动电机控制器MCU未被唤醒	1. 整车控制器VCU到BMS/MCU的唤醒线路断路	检查及修复相应线束
	2. 整车控制器VCU未发出对BMS/MCU的唤醒信号	更换VCU
	3. BMS/MCU硬件损坏	更换BMS/MCU
有禁止上电的故障	1. 高压系统断路（互锁回路故障）	诊断仪读取故障码，根据内容检修
	2. 高压系统绝缘电阻过低	
	3. 动力蓄电池过温、过压	
	4. 其他安全原因	

2. 新能源汽车"READY"准备就绪指示灯不亮故障诊断与排除流程

以"READY"准备就绪指示灯不亮为例，介绍新能源汽车动力系统无法上电故障诊断与排除流程。

1）"READY"准备就绪指示灯不亮的故障现象

当点火开关接通到起动挡后，如果整车控制系统工作正常，组合仪表应点亮绿色的"READY"（比亚迪车型为"OK"）准备就绪指示灯。如果"READY"准备就绪指示灯不亮，但点亮动力系统或其他高压相关系统（动力蓄电池、驱动电机等）的故障警告灯，说明整车控制系统不正常，动力系统无法上电，即车辆无法正常起动，应进行检修。

2）"READY"准备就绪指示灯不亮的可能原因

新能源汽车"READY"准备就绪指示灯不亮，动力系统无法上电的故障可能原因如下。

（1）低压蓄电池、点火开关及相关线路故障。

(2)动力蓄电池电力耗尽或放电条件不满足(电压、温度、通信等不正常)。
(3)高压系统存在断路(高压互锁)、绝缘电阻过低(漏电)等严重故障。
(4)整车控制系统的控制器 VCU,以及电源、搭铁、通信线路严重故障。
(5)整车控制系统的制动、挡位等动力相关部件存在严重故障。

3)"READY"准备就绪指示灯不亮的故障诊断流程

新能源汽车"READY"准备就绪指示灯不亮的故障诊断与排除流程,见表 2-2-2。

"READY"准备就绪指示灯不亮的故障诊断与排除流程　　表 2-2-2

步骤	检测及诊断操作	诊断结果	是	否
1	使用诊断仪读取整车控制系统及其他动力系统相关的故障码及数据流	是否有相关故障码及异常数据	根据异常内容检修	下一步
2	检查整车高压部件及线束	是否正常	下一步	更换或修复
3	检查整车控制器及动力相关低压部件及线束	是否正常	重复以上步骤	更换或修复

技能操作

参照"知识学习"的内容,必要时参考《用户手册》《维修手册》或其他技术资料,执行以下技能操作。

1. 编制新能源汽车"READY"准备就绪指示灯不亮故障诊断与排除方案

1)接受工作任务,明确任务内容

(1)从车间主管或班组长处接受车辆维修任务。

(2)阅读维修工单,明确任务要求。

(3)必要时与业务接待员、客户沟通,提前列出需要问诊的内容。

大众 ID.4 纯电动汽车 READY 指示灯不亮故障诊断与排除

(4)利用故障现象再现方法,确认故障现象。

2)编制故障诊断与排除方案

(1)查阅《维修手册》及其他维修技术资料,画出整车控制系统相关的电路图。大众 ID.4 纯电动汽车整车控制器 VCU(发动机控制单元 J623)电源相关的电路图,如图 2-2-1 所示;大众 ID.4 纯电动汽车高压导线(电缆)连接示意图,如图 2-2-2 所示。

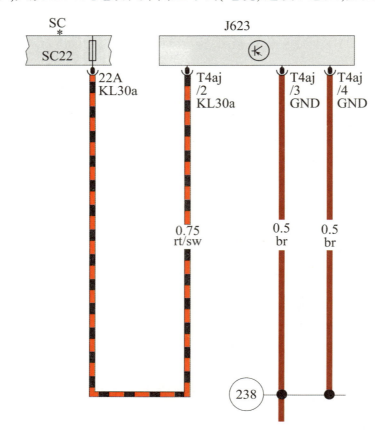

图 2-2-1　大众 ID.4 纯电动汽车整车控制器(发动机控制单元 J623)电源相关的电路图
SC-熔断丝架 C(驾驶室仪表板左下方);SC22-熔断丝架 SC 上的熔断丝 22;J623-整车控制器(发动机控制单元);238-搭铁连接线束(在车内导线束中);KL30a-蓄电池电源;GND-搭铁;T4aj-4 芯插头连接(T4aj/2 指 4 芯插头的第 2 个针脚,以此类推)

提示:①因车型及年款差异,电路图仅供参考,请参阅实际对应车型的电路图。

②书中所有电路图导线颜色缩写见附录。

(2)根据故障现象,分析故障可能产生的原因及理由,编制新能源汽车"READY"准备就绪指示灯不亮的故障诊断与排除方案,并画出故障诊断与排除流程图(表 2-2-2)。

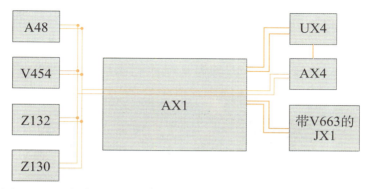

图 2-2-2　大众 ID.4 纯电动汽车高压导线（电缆）连接示意图

A48-电压转换器（DC/DC）；AX1-高压蓄电池；AX4-高压蓄电池充电单元（车载充电机）；JX1-电驱动系统的功率和控制电子装置（驱动电机控制器）；UX4-高压蓄电池充电插座（充电口）；V663-三相电流驱动装置（电机逆变器）；V454-空调压缩机；Z132-PTC 加热元件（暖风加热器）；Z130-高电压加热器（PTC）

（3）列出故障检修过程中需要注意的事项。

2. 实施新能源汽车"READY"准备就绪指示灯不亮故障诊断与排除

1）对故障车辆进行诊断并排除故障

（1）验证故障现象。接通点火开关到起动挡，组合仪表动力系统故障指示灯点亮，但"READY"准备就绪指示灯不亮，车辆起动时不能上电，如图 2-2-3 所示。

（2）使用诊断仪器读取故障码。使用诊断仪器读取动力系统相关的故障码，从"电驱动装置"读取到"控制单元，继续运行有故障"的故障码，如图 2-2-4 所示。根据故障码的内容，可以判断动力系统线路存在严重的问题。

图 2-2-3　组合仪表"READY"准备就绪指示灯不亮

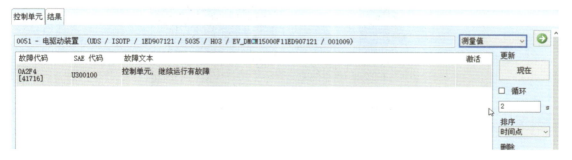

图 2-2-4　动力系统相关的故障码

（3）检查动力系统高压、低压线束。根据"大众 ID.4 纯电动汽车高压导线（电缆）连接示意图（图2-2-2）"及低压电路图，检查动力系统高压、低压线束接插件，如图 2-2-5 所示，修复被断开的动力蓄电池输出高压接插件。

图 2-2-5　检查动力系统高压、低压线束

（4）使用诊断仪器清除故障码。使用诊断仪器清除动力系统相关故障码，故障码可以完全清除，如图 2-2-6 所示。

图 2-2-6　诊断仪器清除故障码

（5）确认故障排除。进行以上检修以后，重新进行起动操作，组合仪表"READY"准备就绪指示灯点亮，车辆能够正常上电，如图 2-2-7 所示。

图 2-2-7　组合仪表"READY"准备就绪指示灯点亮

2）进行质量检验，确认故障排除

（1）自检合格后，填写"维修作业记录表"（维修工单）并签字确认，交付班组

长或质检员进行质量检验。

（2）在工作过程中遵循现场工作管理规范，完成"7S"管理规定。

任务3　电驱动系统无法驱动故障诊断与排除

情境描述

一辆大众 ID.4 纯电动汽车，点火开关打开后，组合仪表动力系统故障指示灯点亮，同时低速行驶警报喇叭鸣叫，驱动电机不运转，车辆无法行驶。你的主管要求你分析故障原因，并排除故障，你能完成这个任务吗？

任务目标

▶ 知识目标

1. 能够描述新能源汽车电驱动系统无法驱动故障诊断与排除方法；
2. 能够描述新能源汽车驱动电机不运转故障诊断与排除流程。

▶ 技能目标

1. 能够编制新能源汽车驱动电机不运转故障诊断与排除方案；
2. 能够实施新能源汽车驱动电机不运转故障诊断与排除。

▶ 素质目标

1. 塑造职业道德，弘扬中华传统美德，展示中国工匠可信的形象；
2. 培养良好的工作态度，以科学的态度对待科学；
3. 培养钻研新技术的习惯，不断提出真正解决问题的新理念新思路新办法。

知识学习

如果新能源汽车的电驱动系统存在严重故障，会造成驱动电机不运转，车辆无法行驶，应采用诊断仪器及其他设备进行诊断，根据诊断结果排除故障。

1. 新能源汽车电驱动系统无法驱动故障诊断与排除方法

1）电驱动系统故障诊断与排除注意事项

新能源汽车电驱动系统故障诊断与排除过程中需要注意的事项如下。

(1) 确认低压蓄电池电压及点火(起动)开关供电线路正常。

(2) 确认动力蓄电池电压、温度、电量正常。

(3) 检查确认各高压、低压线束及接插件连接线无短路、断路或松脱。

(4) 检查确认驱动电机、电机控制器、旋变传感器及线路正常。

(5) 整车控制器 VCU 及整车控制系统组成部件故障,会造成动力系统无法上电,也将导致电驱动系统无法驱动车辆,因此应确认整车控制系统工作正常。

(6) 由于驱动电机工作时的环境是高电压、强电流,维修操作时一定要注意以下事项。

① 电机产品运输及安装过程中应避免碰撞、跌落和挤压。

② 存储环境应干燥,在拆开电机包装时的环境要求为:温度在 -25 ~ +55℃,湿度为 10% ~ 70% RH。

③ 电机在安装使用前,必须进行绝缘检查。

④ 电机在安装使用前,旋转电机输出轴应能灵活转动,检查电机外壳破损或异常形变情况。

⑤ 电机在安装使用前,检查三相线束导电部分及电机高压接口应清洁无异物及油脂。

⑥ 低压接插件为塑料件,安装过程中应避免与坚硬物体直接碰撞或受力。

⑦ 电机转子具有强磁性,电机除高低压盖板外,其余零部件禁止拆装。

(7) 检查确认变速驱动机构(单挡变速器及传动机构)机械部件正常。

(8) 高压系统故障诊断与排除过程中严格遵守高压安全操作规范。

2) 电驱动系统典型的故障现象诊断与排除

电驱动系统的故障诊断与排除方法见表 2-3-1,序号表示故障原因可能性排序,按照该顺序检查每个部件及线路,根据需要进行维修、更换损坏的部件或线路。

电驱动系统故障诊断与排除　　　　　表 2-3-1

故障现象	可能原因	排除方法
驱动电机不运转	1. 整车控制器 VCU、动力系统相关部件(加速踏板、挡位开关、旋变传感器、温度传感器等)及线路不良	更换部件或修复线路
	2. 高压线路断路(互锁)、短路(绝缘电阻过低)	修复线路

续上表

故障现象	可能原因	排除方法
驱动电机不运转	3. 电机控制器(无三相交流输出)	确认动力蓄电池高压输入及控制信号正常后,更换控制器
	4. 驱动电机本体损坏(转子、定子、线圈)	确认电机控制器正常后,更换驱动电机
运行中功率不足	1. 动力蓄电池电量不足后限速	动力蓄电池充电
	2. 整车控制器 VCU 存储影响行驶的故障码后限速	诊断仪器读取故障码,根据内容检修
	3. 加速踏板位置传感器及其他相关部件不良	更换部件或修复线路
驱动电机或控制器过热	1. 驱动电机及控制器冷却系统不良	检修冷却系统,根据情况修复
	2. 车辆超载或长时间行驶	禁止超载,中途休息
	3. 传动部件卡滞	修复或更换
电驱动系统异响	1. 驱动电机及变速驱动机构的运动部件固定螺栓松动	紧固固定螺栓
	2. 运转部件润滑不良、运转不平衡或损坏	润滑或更换相关部件

2. 新能源汽车驱动电机不运转故障诊断与排除流程

以驱动电机不运转为例,介绍新能源汽车电驱动系统无法驱动故障诊断与排除流程。

1) 新能源汽车驱动电机不运转的故障现象

当点火开关接通到起动挡后,如果高压上电正常(也可能无法上电或低速行驶警报喇叭鸣叫),但换入行驶挡位后驱动电机不运转,车辆无法行驶,说明电驱动系统不正常,应进行检修。

2) 新能源汽车驱动电机不运转的可能原因

新能源汽车高压上电正常,但驱动电机不运转,车辆无法行驶的故障可能原因如下。

(1)整车控制器VCU、加速踏板位置传感器、挡位开关、旋变传感器及线路故障。

(2)电机控制器及相关的高压、低压线路故障。

(3)驱动电机故障。

(4)电驱动系统存在其他机械、电气故障。

3)新能源汽车驱动电机不运转的故障诊断流程

新能源汽车驱动电机不运转的故障诊断与排除流程,见表2-3-2。

新能源汽车驱动电机不运转的故障诊断与排除流程　　表2-3-2

步骤	检测及诊断操作	诊断结果	是	否
1	使用诊断仪读取整车控制系统、电驱动系统相关的故障码及数据流	是否有相关故障码及异常数据	根据异常内容检修	下一步
2	检查电机控制器及相关的高压、低压线束	是否正常	下一步	更换或修复
3	检查驱动电机及变速驱动机构	是否正常	重复以上步骤	更换或修复

技能操作

参照"知识学习"的内容,必要时参考《用户手册》《维修手册》或其他技术资料,执行以下技能操作。

1. 编制新能源汽车驱动电机不运转故障诊断与排除方案

1)接受工作任务,明确任务内容

(1)从车间主管或班组长处接受车辆维修任务。

(2)阅读维修工单,明确任务要求。

(3)必要时与业务接待员、客户沟通,提前列出需要问诊的内容。

(4)利用故障现象再现方法,确认故障现象。

2)编制故障诊断与排除方案

(1)查阅《维修手册》及其他维修技术资料,画出电驱动系统相关的电路图。

大众ID.4纯电动汽车
无法行驶故障诊断
与排除

大众ID.4纯电动汽车电驱动系统相关的电路图(部分),如图2-3-1所示。

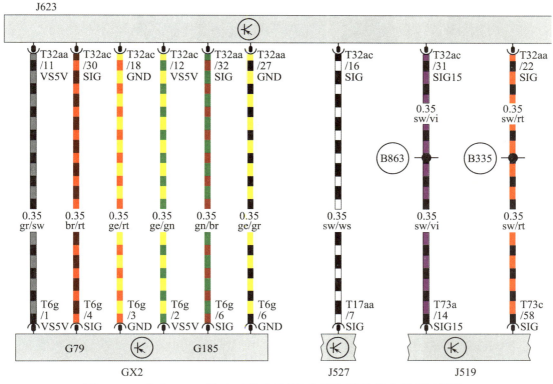

图2-3-1　大众ID.4纯电动汽车电驱动系统相关的电路图(部分)

J623-整车控制器(发动机控制单元);J527-转向柱电子装置控制单元;GX2-加速踏板模块;J519-车载电网控制单元;G79-加速踏板位置传感器;G185-加速踏板位置传感器2;VS5V-控制单元提供的5V电源;SIG-信号;GND-搭铁;T32aa-32芯插头连接a;T32ac-32芯插头连接c;T6g-6芯插头连接;T17aa-17芯插头连接a;T73a-73芯插头连接a;T73c-73芯插头连接c;B335-线束连接点(在主导线束中);B863-线束连接点(在转向盘导线束中)

提示:因车型及年款差异,电路图仅供参考,请参阅实际对应车型的电路图。

(2)根据故障现象,分析故障可能产生的原因及理由,编制新能源汽车驱动电机不运转的故障诊断与排除方案,并画出故障诊断与排除流程图(表2-3-2)。

(3)列出故障检修过程中需要注意的事项。

2.实施新能源汽车驱动电机不运转故障诊断与排除

1)对故障车辆进行诊断并排除故障

(1)验证故障现象。接通点火开关到起动挡,组合仪表动力系统故障指示灯点亮,警报喇叭鸣叫,显示"电驱动装置工作不正确。请去维修站。",车辆无法行驶,如图2-3-2所示。

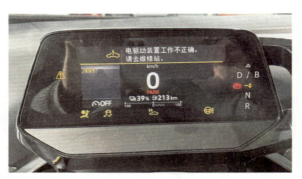

图 2-3-2　组合仪表动力系统故障指示灯点亮

（2）使用诊断仪器读取故障码。使用诊断仪器读取整车控制系统、电驱动系统相关的故障码，从“发动机电控系统”（整车控制器 VCU）读取到加速踏板位置传感器相关的故障码，如图 2-3-3 所示。根据故障码的内容，可以判断加速踏板位置传感器线路存在严重的问题。

控制单元 结果

0001 - 发动机电控系统 （UDS / ISOTP / 0EA906012AG / 1436 / H01 / EV_VCU00XXX0200EA906012AG / 001004） 测量值

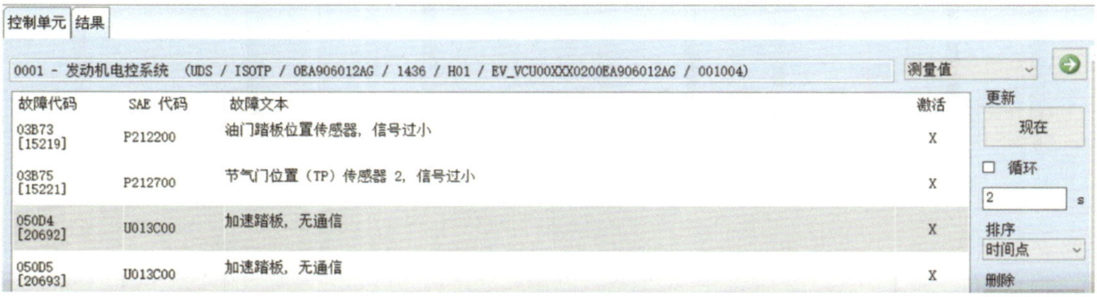

故障代码	SAE 代码	故障文本	激活
03B73 [15219]	P212200	油门踏板位置传感器，信号过小	X
03B75 [15221]	P212700	节气门位置（TP）传感器 2，信号过小	X
050D4 [20692]	U013C00	加速踏板，无通信	X
050D5 [20693]	U013C00	加速踏板，无通信	X

更新 现在 循环 2 s 排序 时间点 删除

图 2-3-3　电驱动系统相关的故障码

（3）检查加速踏板位置传感器及线束。找到加速踏板位置传感器的接插件，发现被断开（故障点），进行修复，如图 2-3-4 所示。

（4）检查电驱动系统部件及高压、低压线束。电驱动系统检查包括驱动电机在内的机械、电气部件及高压、低压线束接插件等检查，没有发现异常，如图 2-3-5 所示。

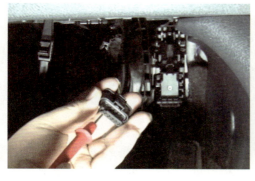

图 2-3-4　加速踏板位置传感器检查

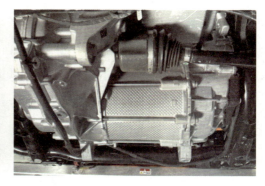

图 2-3-5　电驱动系统检查

(5)使用诊断仪器清除故障码。使用诊断仪器清除电驱动系统相关故障码,故障码可以完全清除,说明故障排除,如图2-3-6所示。

图2-3-6　诊断仪器清除故障码

(6)确认故障排除。进行以上检修以后,重新进行起动操作,组合仪表故障指示灯熄灭,故障提示信息消除,车辆能够正常行驶,如图2-3-7所示。

图2-3-7　组合仪表正常显示

2)进行质量检验,确认故障排除

(1)自检合格后,填写"维修作业记录表"(维修工单)并签字确认,交付班组长或质检员进行质量检验。

(2)在工作过程中遵循现场工作管理规范,完成"7S"管理规定。

任务4　热管理系统温度过高故障诊断与排除

情境描述

一辆大众ID.4纯电动汽车,点火开关打开后,组合仪表点亮红色冷却液不足

(冷却系统故障)警告灯及显示信息"请检查冷却液液位。请参阅用户手册"。你的主管要求你分析故障原因,并排除故障,你能完成这个任务吗?

任务目标

▶ 知识目标

1. 能够描述新能源汽车热管理系统温度过高故障诊断与排除方法;
2. 能够描述新能源汽车冷却液不足警告灯亮故障诊断与排除流程。

▶ 技能目标

1. 能够编制新能源汽车冷却液不足警告灯亮故障诊断与排除方案;
2. 能够实施新能源汽车冷却液不足警告灯亮故障诊断与排除。

▶ 素质目标

1. 塑造职业道德,弘扬中华传统美德,展示中国工匠可信的形象;
2. 培养良好的工作态度,以科学的态度对待科学;
3. 培养钻研新技术的习惯,不断提出真正解决问题的新理念新思路新办法。

知识学习

新能源汽车的热管理系统包括驱动电机及控制器冷却系统、动力蓄电池热管理系统(加热和冷却)。如果热管理系统工作不良,动力蓄电池可能超出正常的工作温度范围(温度过高或过低),新能源汽车会出现限功率行驶甚至无法行驶的故障,应对热管理系统进行故障诊断并排除故障。

1. 新能源汽车热管理系统温度过高故障诊断与排除方法

1)热管理系统故障诊断与排除注意事项

新能源汽车热管理系统故障诊断与排除过程中需要注意的事项如下。

(1)使用规定的冷却液。大多数汽车制造商建议使用预混合冷却液,因为使用含矿物质的水会导致腐蚀问题产生。此外,纯电动汽车还需要使用去离子水的冷却液,这与传统的冷却液不同,去离子水冷却液不会导电,保证了冷却液在冷却的高压部件中不会产生部件绝缘电阻下降的风险,特别是冷却液泄漏时。

(2)冷却液更换间隔时间。这与传统汽车的冷却液更换周期相似,应检查并确定在规定的时间或里程间隔期内更换冷却液。

(3)打开冷却液膨胀箱盖或循环软管会导致热的冷却液快速释放,可能会烫伤维修人员。

(4)电动循环水泵、散热器风扇、温度传感器等采用低压电路,与传统汽车基本一致。

（5）怀疑热管理系统工作不良之前，首先应确认被冷却或加热的高压部件本身工作正常。

（6）高压系统故障诊断与排除过程中严格遵守高压安全操作规范。

2）热管理系统典型的故障现象诊断与排除

温度过高是热管理系统典型的故障现象。新能源汽车热管理系统温度过高的故障现象诊断与排除方法见表2-4-1，序号表示故障原因可能性排序，按照该顺序检查每个部件及线路，根据需要进行维修、更换损坏的部件或线路。

热管理系统温度过高故障诊断与排除 表2-4-1

故障现象	可能原因	排除方法
冷却液不足	1. 未按《维修手册》添加冷却液	补充加注冷却液到正常范围
	2. 冷却液管路泄漏	检查泄漏部位，如管路环箍、水管、散热器等，维修或更换损坏部件
冷却液循环系统工作不良	1. 冷却液杂质导致电动水泵堵转	清洁并更换冷却液
	2. 电动水泵泵盖/密封圈/泵轮等部位损坏	更换损坏的电动水泵
	3. 电动水泵及线路不良，如线束虚接/短路/断路等故障；水泵控制器熔断丝/继电器熔断/插接件针脚退针等	更换部件或修复线路
散热器风扇工作不良	1. 风扇控制单元/继电器/插接件针脚退针，线束虚接/短路/断路等故障	更换部件或修复线路
	2. 风扇损坏，扇叶破损/断裂，扇叶不工作	更换散热器风扇
	3. 相关部件（电机、控制器）温度传感器及线路损坏	更换部件或修复线路
散热器	1. 芯体老化，芯管堵塞；散热翅片倒伏，影响进风量；水室堵塞，影响冷却液循环	更换散热器
	2. 进风量不足（前保险杠中网或下格栅进风口堵塞）	查找原因并排除

续上表

故障现象	可能原因	排除方法
相关系统或部件工作不良	1. 驱动电机及控制器故障,如电机负荷过大	查找原因并排除
	2. 动力蓄电池及管理系统故障,如电池充放电过流导致过热	查找原因并排除
组合仪表相关的故障指示灯或控制单元存储故障码	1. 冷却液不足警告灯亮	确认冷却液正常,检修冷却液液位不足显示传感器及线路,并排除
	2. 动力蓄电池、电驱动系统温度过高警告灯亮,控制单元存储温度过高故障码	确认冷却循环系统及相应的部件工作正常,检修相应的温度传感器及线路,并排除

2. 新能源汽车冷却液不足警告灯亮故障诊断与排除流程

以冷却液不足警告灯亮为例,介绍新能源汽车热管理系统故障诊断与排除流程。

1)新能源汽车冷却液不足警告灯亮的故障现象

打开点火开关,组合仪表显示红色冷却液图标及信息"请检查冷却液液位。请参阅用户手册"。根据故障原因不同,组合仪表还可能点亮动力系统故障警告灯、动力蓄电池故障警告灯、驱动电机过热故障警告灯或其他热管理系统相关的故障警告灯。

2)新能源汽车冷却液不足警告灯亮的可能原因

新能源汽车冷却液不足警告灯亮的故障可能原因如下。

(1)冷却液的液位不足。

(2)冷却液的液位不足显示传感器信号不良(传感器或线路故障)。

(3)组合仪表不良。

(4)热管理系统及加热或冷却的系统(动力蓄电池、驱动电机及控制器、车载充电机等)存在其他故障。

3)新能源汽车冷却液不足警告灯亮的故障诊断流程

新能源汽车冷却液不足警告灯亮的故障诊断与排除流程,见表2-4-2。

新能源汽车冷却液不足警告灯亮的故障诊断与排除流程　　表2-4-2

步骤	检测及诊断操作	诊断结果	是	否
1	检查冷却液的液位	是否正常	下一步	补充加注冷却液
2	检查冷却液的管路	是否泄漏	更换或修复	下一步
3	检查冷却液液位不足显示传感器或线路故障	是否正常	下一步	更换部件或修复线路
4	使用诊断仪对中央电气控制单元及其他相关的热管理系统进行故障码读取和数据流分析	是否正常	检查、更换组合仪表	根据故障码内容及异常数据检修

技能操作

参照"知识学习"的内容,必要时参考《用户手册》《维修手册》或其他技术资料,执行以下技能操作。

1. 编制新能源汽车冷却液不足警告灯亮故障诊断与排除方案

1)接受工作任务,明确任务内容

(1)从车间主管或班组长处接受车辆维修任务。

(2)阅读维修工单,明确任务要求。

(3)必要时与业务接待员、客户沟通,提前列出需要问诊的内容。

(4)利用故障现象再现方法,确认故障现象。

大众ID.4纯电动汽车冷却系统故障指示灯点亮故障诊断与排除

2)编制故障诊断与排除方案

(1)查阅《维修手册》及其他维修技术资料,画出热管理系统相关的电路图。大众ID.4纯电动汽车冷却液不足显示传感器故障相关的电路图,如图2-4-1所示。

提示:因车型及年款差异,电路图仅供参考,请参阅实际对应车型的电路图。

(2)根据故障现象,分析故障可能产生的原因及理由,编制新能源汽车冷却液不足警告灯亮的故障诊断与排除方案,并画出故障诊断与排除流程图(表2-4-2)。

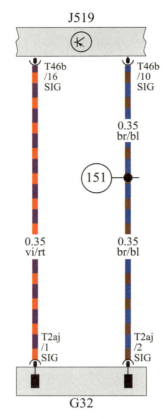

图 2-4-1　大众 ID.4 纯电动汽车冷却液不足显示传感器故障电路图

G32-冷却液不足显示传感器；J519-车载电网控制单元（中央电气电子装置）；SIG-信号；T46b-46 芯插头连接；T2aj-2 芯插头连接；151-搭铁连接线束（在前部导线束中）

（3）列出故障检修过程中需要注意的事项。

2. 实施新能源汽车冷却液不足警告灯亮故障诊断与排除

1）对故障车辆进行诊断并排除故障

（1）验证故障现象。打开点火开关，组合仪表红色的冷却液不足警告灯点亮，并显示相应的故障提示信息，如图 2-4-2 所示。

（2）使用诊断仪器读取故障码。使用诊断仪器读取热管理系统相关的故障码，从"中央电气电子装置"（车载电网控制单元）读取到"冷却液不足显示，激活"故障码，如图 2-4-3 所示。根据故障码的内容，可以判断冷却液不足或冷却液不足显示传感器出现故障。

（3）检查冷却液的液位。检查冷却液的液位，发现液位不足，补充冷却液到规定位置（"MAX"和"MIN"之间），如图 2-4-4 所示。

新能源汽车动力系统故障诊断与排除 | 项目二

图 2-4-2　组合仪表冷却液不足警告灯及提示信息

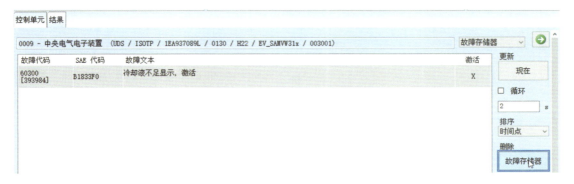

图 2-4-3　热管理系统相关的故障码

（4）检查热管理系统管路、部件及线束。检查热管理系统管路、电气部件及线束接插件，如图 2-4-5 所示，没有发现异常。

图 2-4-4　冷却液的液位检查　　　　　图 2-4-5　热管理系统检查

（5）冷却循环系统管路排气。冷却液加注完成后，应使用诊断仪进行冷却系统管路排气操作，根据仪器提示进行，如图 2-4-6 所示。

（6）使用诊断仪器清除故障码。使用诊断仪器清除热管理系统相关故障码，如图 2-4-7 所示，故障码可以完全清除。

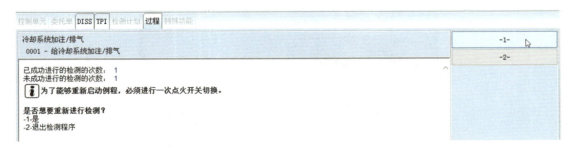

图 2-4-6 冷却系统管路排气

图 2-4-7 诊断仪器清除故障码

图 2-4-8 组合仪表正常显示

(7)确认故障排除。进行以上检修以后,打开点火开关,组合仪表冷却液不足警告灯熄灭,故障提示信息消除,如图 2-4-8 所示。

2)进行质量检验,确认故障排除

(1)自检合格后,填写"维修作业记录表"(维修工单)并签字确认,交付班组长或质检员进行质量检验。

(2)在工作过程中遵循现场工作管理规范,完成"7S"管理规定。

项目三

新能源汽车车载网络和高级驾驶辅助系统(ADAS)故障诊断与排除

本项目介绍新能源汽车车载网络和高级驾驶辅助系统(ADAS)的故障诊断与排除的方法,包含以下2个任务。

任务1 车载网络系统通信故障诊断与排除;

任务2 高级驾驶辅助系统(ADAS)典型故障诊断与排除。

通过以上任务的学习,能够胜任新能源汽车的车载网络系统以及常见的高级驾驶辅助系统(ADAS)典型故障诊断与排除工作,并严格执行企业安全生产制度、环保管理制度和"7S"管理规定,具备独立分析与解决专业问题的能力。

任务1 车载网络系统通信故障诊断与排除

情境描述

一辆大众 ID.4 纯电动汽车,打开点火开关时,组合仪表显示多个系统的故障警告灯点亮。你的主管要求你分析故障原因,并排除故障,你能完成这个任务吗?

任务目标

▶ 知识目标

1.能够描述新能源汽车车载网络系统故障诊断与排除方法;

2.能够描述新能源汽车车载网络系统通信故障诊断与排除流程。

▶▶ **技能目标**

1.能够编制新能源汽车车载网络系统通信故障诊断与排除方案;

2.能够实施新能源汽车车载网络系统通信故障诊断与排除。

▶▶ **素质目标**

1.塑造职业道德,弘扬中华传统美德,展示中国工匠可信的形象;

2.培养良好的工作态度,以科学的态度对待科学;

3.培养钻研新技术的习惯,不断提出真正解决问题的新理念新思路新办法。

知识学习

新能源汽车的控制单元通过车载网络(CAN)系统进行通信(信息交换),某个控制单元发生故障时,其他控制单元或系统会受到影响。

新能源汽车车载网络系统的功能、结构原理与传统汽车基本一致,因此,传统汽车车载网络系统的故障诊断与排除方法同样适用于新能源汽车。

1.新能源汽车车载网络系统故障诊断与排除方法

1)车载网络系统故障诊断与排除注意事项

新能源汽车车载网络系统故障诊断与排除过程中需要注意的事项如下。

(1)进行车载网络系统的检修,需要以下诊断工具。

①诊断设备:能进行车载网络故障检测的诊断仪器。

②检测设备:汽车专用电表、示波器等。

③技术资料:相关车型车载网络系统结构图、线路图。

(2)在维修车载网络系统传输线(BUS线)时需注意:为了屏蔽干扰,尽可能少拆解缠绕节点,并且维修点之间的距离应保持至少100mm。

(3)车载网络系统检修后应检查系统是否能正常工作。

(4)如果故障诊断与排除过程中涉及高压系统,务必严格遵守高压安全操作规范。

2)车载网络系统典型的故障现象诊断与排除

车载网络系统典型的故障现象诊断与排除方法见表3-1-1,序号表示故障原因可能性排序,按照该顺序检查每个部件及线路,根据需要进行维修、更换损坏的部件或线路。

车载网络系统故障诊断与排除　　　　　表 3-1-1

故障现象	可能原因	排除方法
全部控制单元不能和诊断仪器通信	1. 诊断仪器硬件损坏或软件错误	更换诊断仪器或重装软件
	2. 车辆诊断座（数据总线诊断接口）的电源、搭铁、CAN-H、CAN-L 线路断路或短路	维修或更换诊断座线束
	3. 终端电阻断路或短路	修复线路或更换终端电阻对应的控制单元
	4. 网关控制单元损坏	更换网关控制单元
部分或某个控制单元不能和诊断仪器通信	1. 对应的 CAN-H、CAN-L 线路断路或断路	维修或更换线束
	2. 对应的控制单元损坏	更换控制单元
控制单元存储车载网络系统相关的故障码	对应系统的控制单元、部件、线路不良	根据故障码内容检修对应系统后清除故障码
使用车载网络系统控制的功能故障	1. 对应的控制单元损坏	更换控制单元
	2. 对应的部件、线路不良	检修对应系统后清除故障码

2. 新能源汽车车载网络系统通信故障诊断与排除流程

以车载网络系统通信为例，介绍新能源汽车车载网络系统故障诊断与排除流程。

1）车载网络系统通信的故障现象

车载网络系统通信的故障现象表现为：全部或部分控制单元和诊断仪器通信，相关的控制单元存储车载网络系统相关的故障码，组合仪表同时点亮多个系统的故障指示灯。

提示：车辆多个控制系统同时发生故障的可能性很小，故障通常是这些控制系统共同的部分，例如控制单元电源、搭铁，以及车载网络系统相关的故障。

2）车载网络系统不通信的可能原因

（1）点火钥匙、点火开关及线路不良。

（2）诊断仪器及诊断接头、传输线连接不良。

(3)车载网络系统总线(BUS)断路、短路。

(4)车载网络系统终端电阻断路、短路。

(5)网关控制单元故障。

(6)相关的控制单元故障。

3)车载网络系统通信故障诊断流程

新能源汽车车载网络系统通信的故障诊断与排除流程,见表3-1-2。

车载网络系统通信的故障诊断与排除流程　　　　表3-1-2

步骤	检测及诊断操作	诊断结果	是	否
1	检查点火钥匙、点火开关及线路	是否正常	下一步	修复线路
2	检查诊断仪硬件、软件及诊断接头、传输线	是否正常(能够检测其他同类车辆)	下一步	更换诊断仪器及附件
3	连接诊断仪器,判断是所有控制单元都无法通信还是只有某个控制单元无法通信	是否所有控制单元都无法通信	下一步	检查、修复对应控制单元及线路(可以从其他正常的控制单元读取故障码进行诊断)
4	检测诊断座CAN-H和CAN-L终端电阻	是否正常	下一步	修复具有终端电阻的控制单元线路或更换控制单元
5	检测诊断座CAN-H和CAN-L信号	是否正常	重复以上步骤	更换网关控制单元或修复线路

技能操作

参照"知识学习"的内容,必要时参考《用户手册》《维修手册》或其他技术资料,执行以下技能操作。

1.编制新能源汽车车载网络系统通信故障诊断与排除方案

1)接受工作任务,明确任务内容

(1)从车间主管或班组长处接受车辆维修任务。

大众 ID.4 纯电动汽车车载网络不通信故障诊断与排除

（2）阅读维修工单，明确任务要求。

（3）必要时与业务接待员、客户沟通，提前列出需要问诊的内容。

（4）利用故障现象再现方法，确认故障现象。

2）编制故障诊断与排除方案

（1）查阅《维修手册》及其他维修技术资料，画出车载网络系统相关的电路图。大众ID.4纯电动汽车数据总线接口的电路图，如图3-1-1所示。

提示： 因车型及年款差异，电路图仅供参考，请参阅实际对应车型的电路图。

（2）根据故障现象，分析故障可能产生的原因及理由，编制新能源汽车车载网络系统通信的故障诊断与排除方案，并画出故障诊断与排除流程图（参照表3-1-2）。

（3）列出故障检修过程中需要注意的事项。

2. 实施新能源汽车车载网络系统通信故障诊断与排除

1）对故障车辆进行诊断并排除故障

（1）验证故障现象。打开点火开关，确定组合仪表同时点亮多个故障警示灯，并且诊断仪器不能与车辆控制单元通信。大众ID.4纯电动汽车组合仪表点亮多个故障警示灯及显示故障信息，如图3-1-2所示；诊断仪器不能与车辆通信的显示界面，如图3-1-3所示。

（2）检测车载网络系统终端电阻。使用万用表检测车辆诊断座（数据诊断接口）CAN-H（针脚6）和CAN-L（针脚14）电阻，检测到的终端电阻正常电阻值为60Ω左右，如图3-1-4所示。

提示： 车载网络系统终端电阻正常电阻值为120Ω左右，这种测量方法实际是车辆两个并联状态的终端电阻，因此，电阻值为实际的1/2。

（3）检测车载网络系统CAN总线通信。在打开点火开关时，使用万用表检测车辆诊断座CAN-H（针脚6）和CAN-L（针脚14）电压，通信信号正常时电压值为2.5V左右，表示总线导通，如图3-1-5所示。

（4）再次检查诊断仪器与车辆控制单元通信。重新连接诊断仪器，根据操作步骤操作，诊断仪器与控制单元通信正常。故障原因是数据总线接口接触不良或诊断仪器软件系统故障，重新连接及重启系统后恢复正常。

（5）控制单元故障码读取和清除。

①使用诊断仪进入组合仪表点亮故障灯的控制单元，清除车载网络（CAN）系统相关的故障码，如图3-1-6所示。

②如果故障码不能清除，说明故障确实存在，应检修相关的系统。

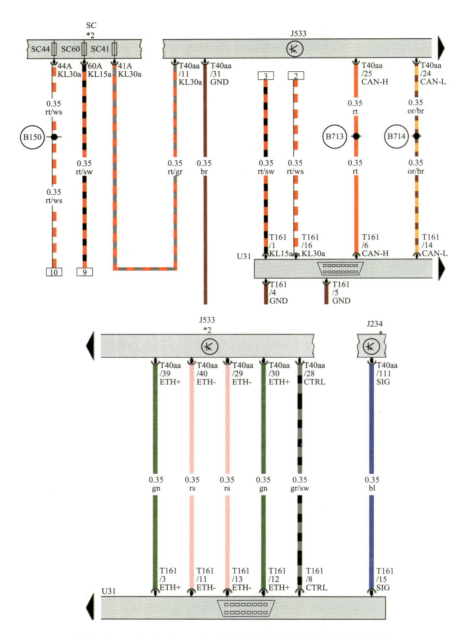

图 3-1-1　大众 ID.4 纯电动汽车数据总线接口电路图

SC-熔断丝架 C；SC41-熔断丝架上的熔断丝 41；SC44-熔断丝架上的熔断丝 44；SC60-熔断丝架上的熔断丝 60；J533-数据总线诊断接口；J234-安全气囊控制单元；U31-诊断接口；GND-搭铁；KL30a-蓄电池电源；KL15a-点火开关电源；SIG-信号；CTRL-控制；CAN-H-CAN 总线的 H（高电位）针脚；CAN-L-CAN 总线的 L（低电位）针脚；ETH +-以太网信号的 + 极；ETH --以太网信号的 - 极；T40aa-40 芯插头连接；T16l-16 芯插头连接；B150-正极连接 2（30a，在车内线束中）；B713-连接 CAN-H（在主线束中）；B714-连接 CAN-L（在主线束中）

新能源汽车车载网络和高级驾驶辅助系统（ADAS）故障诊断与排除 | **项目三**

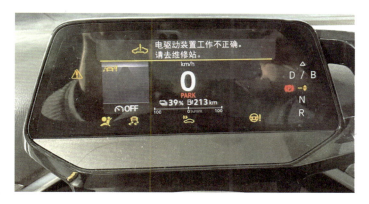

图3-1-2　大众ID.4纯电动汽车组合仪表点亮多个故障指示灯

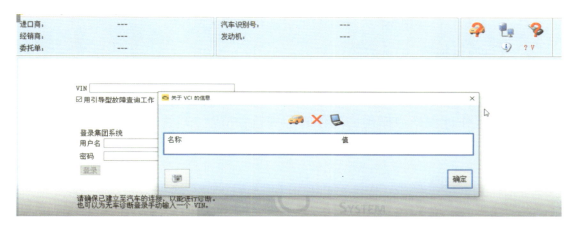

图3-1-3　诊断仪器不能通信显示界面

图 3-1-4　检测终端电阻　　　　　　图 3-1-5　检测 CAN 总线通信

提示：车载网络系统中，如果某个控制单元因接插件被断开或发生间歇性的故障，会造成其他相关的控制单元存储故障码，并点亮故障指示灯。如果确认系统无故障，使用仪器清除故障码即可熄灭故障指示灯。

（6）确认故障排除。进行以上检修以后，打开点火开关，检查组合仪表中故

新能源汽车常见故障诊断与排除

障指示灯应熄灭,诊断仪器也能与车辆控制单元通信,故障排除。

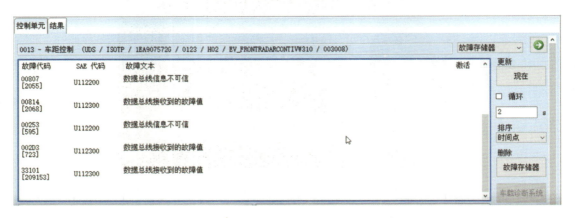

图 3-1-6　诊断仪器清除 CAN 系统故障码

2)进行质量检验,确认故障排除

(1)自检合格后,填写"维修作业记录表"(维修工单)并签字确认,交付班组长或质检员进行质量检验。

(2)在工作过程中遵循现场工作管理规范,完成"7S"管理规定。

任务2　高级驾驶辅助系统(ADAS)典型故障诊断与排除

📖 情境描述

一辆大众 ID.4 纯电动汽车,打开点火开关时,组合仪表显示多个高级驾驶辅助系统(ADAS)相关的故障警告灯。你的主管要求你分析故障原因,并排除故障,你能完成这个任务吗?

📖 任务目标

▶ 知识目标

1.能够描述新能源汽车高级驾驶辅助系统(ADAS)故障诊断与排除方法;

2.能够描述新能源汽车高级驾驶辅助系统(ADAS)典型故障诊断与排除流程。

▶ 技能目标

1.能够编制新能源汽车高级驾驶辅助系统(ADAS)典型故障诊断与排除方案;

2. 能够实施新能源汽车高级驾驶辅助系统(ADAS)典型故障诊断与排除。

▶ **素质目标**

1. 塑造职业道德,弘扬中华传统美德,展示中国工匠可信的形象;
2. 培养良好的工作态度,以科学的态度对待科学;
3. 培养钻研新技术的习惯,不断提出真正解决问题的新理念新思路新办法。

知识学习

高级驾驶辅助系统(Advanced Driver Assistance System,ADAS)也称为先进驾驶辅助系统,是利用环境感知技术采集汽车、驾驶人和周围环境的动态数据并进行分析处理,通过提醒驾驶人或车辆控制系统的执行器介入汽车操作,以实现驾驶安全性和舒适性的一系列技术的总称。常见的ADAS包括自适应巡航控制系统、车道保持辅助系统、车前测距监控系统、驻车辅助系统等驾驶辅助系统。绝大部分的新能源汽车都装备了ADAS,其功能、结构原理与传统汽车基本一致,因此传统汽车ADAS的故障诊断与排除方法同样适用于新能源汽车。

1. 新能源汽车ADAS故障诊断与排除方法

1) ADAS故障诊断与排除注意事项

ADAS应用的智能技术不可能违背物理学规律,并有其一定的系统局限性。ADAS使用、维修不当或疏忽大意极易引发严重伤亡事故!故驾驶人仍须集中精力观察道路及交通状况,谨防引发交通事故。新能源汽车ADAS各子系统故障诊断与排除过程中需要注意的事项如下。

(1)自适应巡航控制系统检修注意事项。自适应巡航控制(Adaptive Cruise Control,ACC)系统可恒定地保持所设置的车速。当车辆接近前车时,ACC系统会自动调整车速,使车辆保持所设定的车距。如果ACC系统出现故障,组合仪表ACC系统不可用警告灯点亮,应根据ACC系统工作条件进行检查,查找故障原因并进行检修。

①ACC系统必须按能见度、天气状况、道路及交通状况调整车速及距前方车辆距离。

②为安全起见,在能见度差的情况下,或沿坡道及多弯路段,或在湿滑路面(例如冰雪、潮湿或积水路段)上行驶时切勿使用ACC系统。

③切勿在越野时或在非铺装道路上使用ACC系统。仅可在铺装道路上使用ACC系统。

④一旦在组合仪表显示制动要求信息,或通过ACC系统无法充分减速,应立即施加行车制动。

⑤ACC系统要求驾驶人自行操控车辆后如车辆继续移动,则驾驶人必须对车辆施加行车制动。

⑥ACC系统工作期间,驾驶人务必随时准备通过加速或制动自行操控车辆。

⑦ACC系统组成部件为精密电子部件,出现故障应更换。ACC系统拆卸或更换后,应按要求进行校准、标定。

(2)车道保持辅助系统检修注意事项。车道保持辅助系统(Lane Keeping Assist System,LKAS)在系统设计范围内,可协助驾驶人将车辆保持在指定的车道内行驶。车道保持辅助系统通过安装在前风窗玻璃上的摄像头探测车道标志线。如果车辆距系统已识别的车道标志线过近,系统通过施加一次校正性转向干预,提示驾驶人已偏离车道,此时,驾驶人可随时主动对转向进行校正干预。如果车道保持辅助系统不满足工作条件,系统会关闭,组合仪表提示系统不可用的信息,应使用诊断仪器诊断故障原因,并排除。

①车道保持辅助系统必须按能见度、天气状况、道路及交通状况调整车速及距前方车辆的距离。

②驾驶人双手务必始终握住转向盘,务必注意观察车辆周围的动向,随时准备转向,必须沿自己的车道行驶。

③车道保持辅助系统并非总能识别车道标志线。有时可能将劣质路面、某些道路结构或物体误认为车道标志线,发生此类情况时务必立即关闭车道保持辅助系统。

④务必注意观察组合仪表显示屏显示相关信息,并在交通状况允许时按要求操控车辆。

⑤在以下情况下,采用极具运动风格的驾驶方式时、天气条件和路面状况不好时、在施工区域或山坡或凹陷路面前,可能出现车道保持辅助系统意外干预或停止车道保持辅助系统所支持的调节。因此,在这种情况下,驾驶人的注意力特别重要且可能要求暂时关闭车道保持辅助系统。

⑥如果摄像头视窗脏污,被物品覆盖或损坏,则将严重影响车道保持系统的功能。

⑦不要在转向盘上安装任何附件。

⑧点火开关打开后,可能需要数秒钟才能检测到系统故障。

⑨如果车道保持辅助系统不可用,则半自动驾驶辅助系统也不可用。

⑩车道保持辅助系统组成部件为精密电子部件,出现故障应更换。车道保持辅助系统拆卸或更换后,应按要求进行校准、标定。

(3)车前测距监控系统检修注意事项。车前测距监控系统(Front Assist,

FA），也称自动紧急制动系统（Autonomous Emergency Braking，AEB）或预碰撞安全系统。车前测距监控系统可以识别潜在的正面碰撞并发出相应警告，该系统还可以在制动时提供支持，并能自动制动车辆。车前测距监控系统可帮助避免事故，但不能代替驾驶人的注意力。车前测距监控系统只能在满足工作条件的情况下起作用，警告时刻因交通情况和驾驶人行为不同可能不同。如果车前测距监控系统不满足工作条件，系统会关闭，组合仪表提示系统不可用的信息，应使用诊断仪器诊断故障原因，并排除。

①切勿利用车前测距监控系统提供的额外方便功能冒险行驶。驾驶人必须随时准备对车辆施加制动，并按车前测距监控系统发出的警报施加制动，降低车速或避开障碍物。

②要根据驾驶时的视野、天气、路面和交通状况调整车速，与前车保持安全距离。

③驾驶人必须随时准备好自己接管车辆，并超越自动制动。如车前测距监控系统发出警告，应立即根据交通状况为车辆制动或躲避障碍物。

④车前测距监控系统无法完全自主避免事故，不可完全依赖系统避免与前车碰撞。

⑤车前测距监控系统可能会在复杂的行驶状况下进行不必要的警告和不必要的制动干预，例如出现安全岛时。

⑥车前测距监控系统可能会在功能受到影响时进行不必要的警告和不必要的制动干预，例如雷达传感器脏污或位置错误时。

⑦不带行人识别功能的车前测距监控系统不会对行人作出反应，并且车前测距监控系统不会对动物和横跨行车道或在同一行车道上迎面而来的车辆作出反应。如不确定车辆是否带有行人识别功能，请在行驶前咨询汽车厂家特许经销商。

⑧车前测距监控系统组成部件为精密电子部件，出现故障应更换。车前测距监控系统拆卸或更换后，应按要求进行校准、标定。

（4）驻车辅助系统检修注意事项。为了辅助驾驶人驻车，目前市场上不少车辆装备了驻车辅助系统（也称倒车辅助系统），利用各种传感器和摄像头，借助超声波、雷达波或光学系统探测车辆周围环境，供驾驶人倒车时参考。不同的驻车辅助系统使用了不同的传感器组合和功能，驻车辅助系统包括泊车雷达系统、后视影像系统、全景影像系统及自动泊车辅助系统。作为驻车辅助系统的集成（升级）功能，自动泊车辅助系统（Auto Parking Assist，APA），是利用车载传感器探测有效泊车空间,并辅助控制车辆完成泊车操作的一种汽车高级驾驶辅助系统。相比于传统的倒车电子辅助功能,比如倒车雷达、倒车影像显示等,自动泊车辅助系统智能化程度更高,减轻了驾驶人的操作负担,有效降低了泊车的事故率。

驻车辅助系统故障诊断与排除如下。

①因疏忽无意中移动车辆可能引发严重伤亡事故!

②驻车时须密切关注驻车方向及车辆周围的状况。

③驻车辅助系统发出信号和显示需要响应时间,当车辆快速接近障碍物时,系统可能因响应时间不足而延迟发出警告信息。

④驻车时务必特别注意车辆周围的幼童和小动物,因超声波传感器并不是总能探测到幼童、小动物和物品。

⑤切勿因组合仪表显示屏的显示信息和信息娱乐系统中显示的图像,而转移对交通状况的注意力。

⑥摄像机镜头会放大和扭曲视野。根据显示屏上显示估算车辆与人员或障碍物的距离不准确,并可能因此引发事故和人员伤亡,因此,不要完全信赖摄像头的显示。

⑦在没有路缘的停车场内使用驻车辅助系统时,车辆与墙壁或建筑物至少保持50cm的距离。

⑧驻车辅助系统组成部件为精密电子部件,出现故障应更换。驻车辅助系统拆卸或更换后,应按要求进行校准、标定。

2) ADAS 典型的故障现象诊断与排除

ADAS 各子系统典型的故障现象诊断与排除方法见表3-2-1~表3-2-4,序号表示故障原因可能性排序,按照该顺序检查每个部件及线路,根据需要进行维修、更换损坏的部件或线路。

自适应巡航控制系统故障诊断与排除　　　　表3-2-1

故障现象	可能原因	排除方法
组合仪表黄色ACC系统不可用警告灯点亮	1. 雷达传感器脏污	清洁雷达传感器
	2. 受天气状况限制,雷达传感器的视野受影响,例如因下雪、清洁剂残留物或涂层	清洁雷达传感器
	3. 加装件、牌照支架装饰框或标签影响了雷达传感器的视野	清理雷达传感器的周边附件

续上表

故障现象	可能原因	排除方法
组合仪表黄色 ACC 系统不可用警告灯点亮	4. 雷达传感器发生位移或损坏，如因车辆前端碰撞损坏，或对车辆前端进行过喷漆或改装	检测是否有损坏，进行维修或更换
	5. 自适应巡航控制系统未设置或设置错误	重新设置
	6. 电动转向、电子制动、电驱动等 ADAS 相关系统故障	检修相关系统
	7. 控制系统软件或硬件故障	使用诊断仪器进行故障码读取和数据流分析，根据诊断结果维修后，退出并重新进入行驶准备就绪状态
ACC 系统未按要求工作	1. 雷达传感器脏污	清洁雷达传感器
	2. 未遵守 ACC 系统限制	满足 ACC 系统使用条件要求
	3. 制动器过热，ACC 调节自动中断	让制动器冷却并重新检查功能
	4. 控制系统软件或硬件故障	使用诊断仪器进行故障码读取和数据流分析，根据诊断结果维修后，退出并重新进入行驶准备就绪状态
ACC 系统调节无法开始	1. ACC 系统调节前提条件未满足	确保满足以下前提条件：车辆制动灯功能正常；电子稳定程序未调节；未踏下制动踏板。
	2. 控制系统软件或硬件故障	使用诊断仪器进行故障码读取和数据流分析，根据诊断结果维修后，退出并重新进入行驶准备就绪状态
ACC 系统调节过程中制动系统发出噪声	1. 自动制动过程中发出噪声	这是正常现象，并非故障
	2. 行车制动系统故障	检修行车制动系统

车道保持辅助系统故障诊断与排除   表 3-2-2

故障现象	可能原因	排除方法
组合仪表黄色车道保持辅助系统不可用警告灯点亮	1. 摄像头视野区域脏污	清洁前风窗玻璃
	2. 受天气状况限制,摄像头的视野受影响,例如因下雪、清洁剂残留物或涂层	清洁前风窗玻璃
	3. 加装件或标签影响了摄像头的视野	保持摄像头视窗所在位置的风窗玻璃整洁
	4. 摄像头发生位移或损坏,如因前风窗玻璃损坏	检测是否有损坏,进行维修或更换
	5. 车道保持辅助系统未设置或设置错误	重新设置
	6. 电动转向、电子制动等 ADAS 相关系统故障	检修相关系统
	7. 控制系统软件或硬件故障	使用诊断仪器进行故障码读取和数据流分析,根据诊断结果维修后,退出并重新进入行驶准备就绪状态
车道保持辅助系统未按预期工作	1. 摄像头视野区域脏污	清洁前风窗玻璃
	2. 未遵守 LA 系统限制	满足 LA 系统使用条件要求
	3. 控制系统软件或硬件故障	使用诊断仪器进行故障码读取和数据流分析,根据诊断结果维修后,退出并重新进入行驶准备就绪状态

车前测距监控系统故障诊断与排除   表 3-2-3

故障现象	可能原因	排除方法
组合仪表白色车前测距监控系统警告灯点亮	车前测距监控系统无法使用或使用受限	在短距离直线行驶后,车前测距监控系统可用,警告灯熄灭。如车辆未行驶,警告灯将持续点亮

续上表

故障现象	可能原因	排除方法
组合仪表黄色车前测距监控系统不可用警告灯点亮,还会显示一条文本信息,说明系统无法使用或使用受限	1.雷达传感器或摄像头视野脏污	清洁雷达传感器或摄像头视窗所在位置的风窗玻璃
	2.受天气状况限制,雷达传感器或摄像头的视野受影响,例如因下雪、清洁剂残留物或涂层	清洁雷达传感器或摄像头视窗所在位置的风窗玻璃
	3.加装件、牌照支架装饰框或标签影响了雷达传感器的视野	清理雷达传感器的周边附件
	4.加装件或标签影响了摄像头的视野	保持摄像头视窗所在位置的风窗玻璃整洁
	5.雷达传感器或摄像头发生位移或损坏,如因碰撞损坏车辆前端或前风窗损坏,对车辆前端进行了喷漆或改装	检测是否有损坏,进行维修或更换
	6.车前测距监控系统未设置或设置错误	重新设置
	7.电动转向、电子制动等ADAS相关系统故障	检修相关系统
	8.控制系统软件或硬件故障	使用诊断仪器进行故障码读取和数据流分析,根据诊断结果维修后,退出并重新进入行驶准备就绪状态
车前测距监控系统未按要求工作或多次意外触发	1.雷达传感器或摄像头视野区域脏污	清洁雷达传感器和前风窗玻璃
	2.太阳落山或环境昏暗,或未遵守车前测距监控系统限制	满足车前测距监控系统使用条件要求
	3.控制系统软件或硬件故障	使用诊断仪器进行故障码读取和数据流分析,根据诊断结果维修后,退出并重新进入行驶准备就绪状态

驻车辅助系统故障诊断与排除　　　　表 3-2-4

故障现象	可能原因	排除方法
驻车辅助系统未按预期工作	1. 雷达传感器或摄像头脏污。污垢、冰雪及清洗剂残留物或涂层均可以影响雷达传感器视图	清洁传感器或摄像头
	2. 雷达传感器或摄像头区域损坏,如因驻车时发生碰撞	检测是否有损坏,进行维修或更换
	3. 加装件、牌照支架装饰框或标签影响了雷达传感器或摄像头的探测区域,如因加装自行车架	清除传感器和摄像头上的标签和附件
	4. 在雷达传感器或摄像头区域的车漆上进行过改动或改装	检查是否有损坏
	5. 干扰源,例如凹凸不平的沥青或鹅卵石路面干扰超声波传感器	排除干扰源后,可重新启动系统
	6. 未满足系统前提条件	必须满足系统的前提条件
	7. 控制系统软件或硬件故障	使用诊断仪器进行故障码读取和数据流分析,根据诊断结果维修后,退出并重新进入行驶准备就绪状态

2. 新能源汽车 ADAS 典型故障诊断与排除流程

以下介绍新能源汽车 ADAS 各子系统典型的故障诊断与排除流程。

1)自适应巡航控制系统不可用警告灯亮故障诊断与排除流程

(1)故障现象:组合仪表自适应巡航控制系统故障警告灯点亮,提示系统不工作的信息。

如果自适应巡航控制系统不可用(故障)警告灯亮,ACC 系统不会进入工作状态,但通常对车辆其他系统不会有影响。

(2)可能原因:如果新能源汽车的电驱动系统、电子制动控制系统及其他行驶相关的系统出现故障,以及 ACC 系统本身故障,系统点亮不可用(故障)警告灯,关闭系统并提示相关的故障信息。检修时应采用诊断仪器对 ACC 系统及其他控制系统进行故障码诊断,根据诊断结果排除故障。

(3)诊断与排除流程:新能源汽车自适应巡航控制系统不可用警告灯亮的故障诊断与排除流程,见表 3-2-5。

自适应巡航控制系统不可用警告灯亮的故障诊断与排除流程　　表 3-2-5

步骤	检测及诊断操作	诊断结果	是	否
1	确认 ACC 系统设置、操作及工作条件正常	是否正常	下一步	正确设置并满足系统工作条件
2	检查雷达传感器外观清洁、安装正确	是否正常	下一步	清洁或修复
3	诊断仪读取 ACC 系统及相关系统的故障码及数据流	是否有相关故障码及异常数据	根据异常内容检修	下一步
4	诊断仪清除各相关系统故障码,并重新上电	是否正常工作	故障排除	重复以上步骤

2)车道保持辅助系统不可用警告灯亮故障诊断与排除流程

(1)故障现象:组合仪表车道保持辅助系统不可用(故障)警告灯点亮,提示系统不工作的信息。如果车道保持辅助系统不可用警告灯亮,系统不会进入工作状态,但通常对车辆其他系统不会有影响。

(2)可能原因:如果新能源汽车的电驱动系统、电动转向系统及其他行驶相关的系统出现故障,以及车道保持辅助系统本身故障,系统点亮不可用(故障)警告灯,关闭系统并提示相关的故障信息。检修时应采用诊断仪器对车道保持辅助系统及其他控制系统进行故障码诊断,根据诊断结果排除故障。

(3)诊断与排除流程:新能源汽车车道保持辅助系统不可用警告灯亮的故障诊断与排除流程,见表 3-2-6。

车道保持辅助系统不可用警告灯亮的故障诊断与排除流程　　表3-2-6

步骤	检测及诊断操作	诊断结果	是	否
1	确认车道保持辅助系统设置、操作及工作条件正常	是否正常	下一步	正确设置并满足系统工作条件
2	检查摄像头外观清洁、安装正确	是否正常	下一步	清洁或修复
3	诊断仪读取车道保持辅助及相关系统的故障码及数据流	是否有相关故障码及异常数据	根据异常内容检修	下一步
4	诊断仪清除各相关系统故障码,并重新上电	是否正常工作	故障排除	重复以上步骤

3)车前测距监控系统不可用警告灯亮故障诊断与排除流程

(1)故障现象:组合仪表车前测距监控系统不可用(故障)警告灯点亮,提示系统不工作的信息。如果车前测距监控系统不可用警告灯亮,系统不会进入工作状态,但通常对车辆其他系统不会有影响。

(2)可能原因:如果新能源汽车的电驱动系统、防抱死制动系统(ABS)及其他行驶相关的系统出现故障,以及车前测距监控系统本身故障,系统点亮不可用(故障)警告灯,关闭系统并提示相关的故障信息。检修时应采用诊断仪器对车前测距监控系统及其他控制系统进行故障码诊断,根据诊断结果排除故障。

(3)诊断与排除流程:新能源汽车车前测距监控系统不可用警告灯亮的故障诊断与排除流程,见表3-2-7。

车前测距监控系统不可用警告灯亮的故障诊断与排除流程　　表3-2-7

步骤	检测及诊断操作	诊断结果	是	否
1	确认车前测距监控系统设置、操作及工作条件正常	是否正常	下一步	正确设置并满足系统工作条件

续上表

步骤	检测及诊断操作	诊断结果	是	否
2	检查雷达传感器、摄像头外观清洁、安装正确	是否正常	下一步	清洁或修复
3	诊断仪读取车前测距监控及相关系统的故障码及数据流	是否有相关故障码及异常数据	根据异常内容检修	下一步
4	诊断仪清除各相关系统故障码,并重新上电	是否正常工作	故障排除	重复以上步骤

4)驻车辅助系统不可用警告灯亮故障诊断与排除流程

(1)故障现象:如果驻车辅助系统某一传感器或摄像头失灵,将持续关闭传感器或摄像头探测区域。显示屏上的符号"!"显示相关的传感器区域。必要时完全关闭泊车系统。泊车雷达系统出现功能故障时,首次打开系统时会通过警告音来提示。此外,还可能显示一则文本信息。如果排除故障源后,可以重新打开系统。

如果驻车辅助系统的后视影像系统无法显示,驾驶人倒车会受到影响,但通常对车辆其他系统不会有影响。

(2)可能原因:后视影像系统无法显示,最可能原因是摄像头故障,倒车辅助系统关闭并提示相关的故障信息。检修时应采用诊断仪器对驻车辅助系统及其他控制系统进行故障码诊断,根据诊断结果排除故障。

(3)诊断与排除流程:新能源汽车后视影像系统无法显示的故障诊断与排除流程,见表3-2-8。

后视影像系统无法显示的故障诊断与排除流程   表3-2-8

步骤	检测及诊断操作	检查结果	是	否
1	确认驻车辅助系统设置、操作及工作条件正常	是否正常	下一步	正确设置并满足系统工作条件

续上表

步骤	检测及诊断操作	检查结果	是	否
2	检查雷达传感器、摄像头外观清洁、安装正确	是否正常	下一步	清洁或修复
3	诊断仪读取驻车辅助及相关系统的故障码及数据流	是否有相关故障码及异常数据	根据异常内容检修	下一步
4	诊断仪清除各相关系统故障码,并重新上电	系统是否正常工作	故障排除	重复以上步骤

技能操作

参照"知识学习"的内容,必要时参考《用户手册》《维修手册》或其他技术资料,执行以下技能操作。

1. 编制新能源汽车 ADAS 典型故障诊断与排除方案

1)接受工作任务,明确任务内容

(1)从车间主管或班组长处接受车辆维修任务。

(2)阅读维修工单,明确任务要求。

(3)必要时与业务接待员、客户沟通,提前列出需要问诊的内容。

(4)利用故障现象再现方法,确认故障现象。

2)编制故障诊断与排除方案

(1)查阅《维修手册》及其他维修技术资料,画出 ADAS 各子系统相关的电路图。

提示:因车型及年款差异,电路图仅供参考,请参阅实际对应车型的电路图。

①大众 ID.4 纯电动汽车定速巡航开关相关的电路图,如图 3-2-1 所示。

②大众 ID.4 纯电动汽车 ADAS 前部摄像头的电路图,如图 3-2-2 所示。

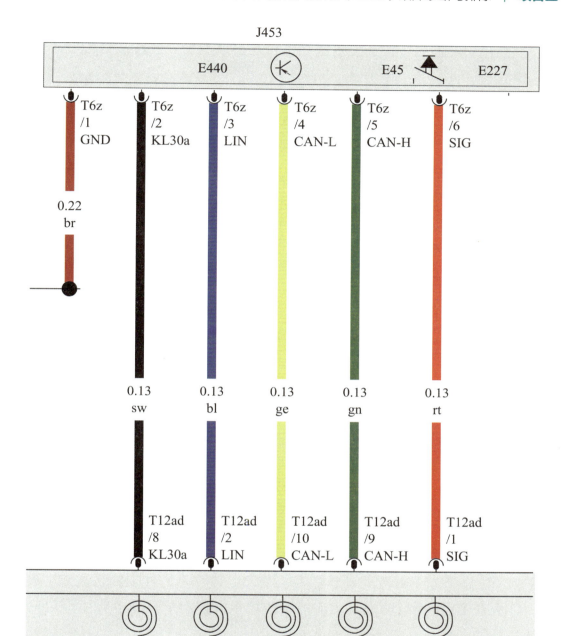

图 3-2-1　大众 ID.4 纯电动汽车定速巡航开关相关的电路图

J453-多功能转向盘控制单元；E440-转向盘中左侧多功能按钮；E45-定速巡航装置开关；E227-定速巡航装置设置按钮；GND-搭铁；KL30a-蓄电池电源；SIG-信号；CAN-CAN 总线；LIN-LIN 总线；T6z-6 芯插头连接；T12ad-12 芯插头连接

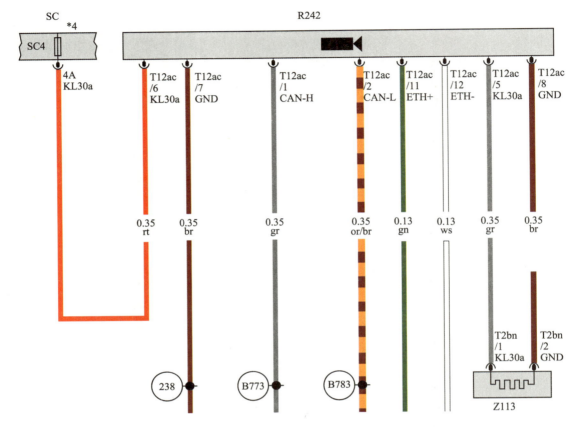

图 3-2-2　大众 ID.4 纯电动汽车 ADAS 前部摄像头电路图

R242-驾驶人辅助系统的前部摄像头；SC-熔断丝架 C（驾驶室仪表板左下方）；SC4-熔断丝架 SC 上的熔断丝 4；Z113-用于前部传感器系统的玻璃加热装置；GND-搭铁；KL30a-蓄电池电源；CAN-H-CAN 总线的 H（高电位）针脚；CAN-L-CAN 总线的 L（低电位）针脚；ETH + -以太网信号的 + 极；ETH - -以太网信号的 - 极；T12ac-12 芯插头连接；T2bn-2 芯插头连接；238-接地连接（在车内线束中）；B773/B783-底盘 CAN 总线线束

③大众 ID.4 纯电动汽车车前测距监控系统控制单元的电路图（部分）如图 3-2-3 所示。

④大众 ID.4 纯电动汽车驻车辅助系统倒车影像摄像头的电路图如图 3-2-4 所示。

（2）根据故障现象，分析故障可能产生的原因及理由，编制新能源汽车 ADAS 各子系统典型的故障诊断与排除方案，并画出故障诊断与排除流程图（参照表 3-2-5 ~ 表 3-2-8）。

（3）列出故障检修过程中需要注意的事项。

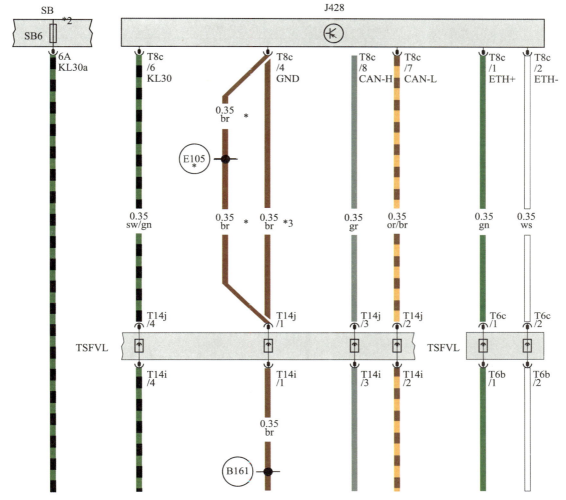

图 3-2-3 大众 ID.4 纯电动汽车车前测距监控系统控制单元电路图(部分)

J428-车前测距监控控制单元;SB-熔断丝架 B;SB6-熔断丝架 SB 上的熔断丝 6;TSFVL-左前保险杠上的线束连接位置;GND-搭铁;KL30/KL30a-蓄电池电源;CAN-H-CAN 总线的 H(高电位)针脚;CAN-L-CAN 总线的 L(低电位)针脚;ETH + -以太网信号的 + 极;ETH − -以太网信号的 − 极;T8c-8 芯插头连接;T14j-14 芯插头连接 j;T14i-14 芯插头连接 i;T6b-6 芯插头连接 b;T6c-6 芯插头连接 c;B161-连接防盗报警装置线束

2. 实施新能源汽车 ADAS 典型故障诊断与排除

1)对故障车辆进行自适应巡航控制系统不可用故障诊断并排除故障

(1)验证故障现象。打开点火开关,确认组合仪表黄色的自适应巡航控制系统不可用警告灯点亮。组合仪表自适应巡

大众 ID.4 纯电动汽车自适应巡航系统不可用指示灯亮故障诊断与排除

航系统不可用警告灯如图 3-2-5 所示。

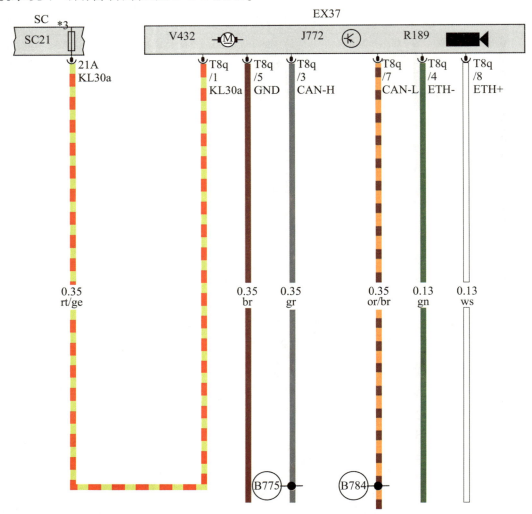

图 3-2-4　大众 ID.4 纯电动汽车驻车辅助系统倒车影像摄像头电路图

EX37-行李舱盖把手；J772-倒车影像系统控制单元；R189-倒车摄像头；V432-徽标电机；SC-熔断丝架 C；SC21-熔断丝架 SC 上的熔断丝 21；GND-搭铁；KL30a-蓄电池电源；CAN-H-CAN 总线的 H（高电位）针脚；CAN-L-CAN 总线的 L（低电位）针脚；ETH + -以太网信号的 + 极；ETH – -以太网信号的 – 极；T8q-8 芯插头连接；B775/B784-底盘传感器 CAN 总线线束

图 3-2-5　组合仪表自适应巡航控制系统不可用警告灯

（2）检查 ACC 系统设置。进入中控台显示屏，检查 ACC 系统设置，确认设置正确，如图 3-2-6 所示。

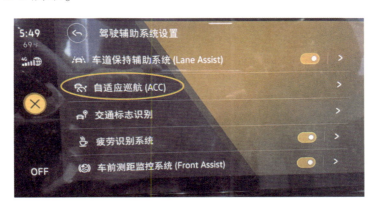

图 3-2-6　大众 ID.4 纯电动汽车中控台显示屏 ACC 系统设置界面

（3）检查 ADAS 雷达传感器。检查 ADAS 雷达传感器，确认雷达传感器外观和安装正常，如图 3-2-7 所示。

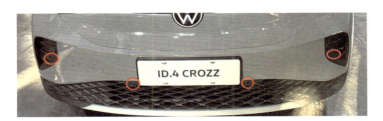

图 3-2-7　大众 ID.4 纯电动汽车前部雷达传感器

（4）检查 ACC 系统设置开关。检查位于转向盘左侧的 ACC 系统设置开关，确认设置开关工作正常，如图 3-2-8 所示。

（5）ACC 系统及相关系统控制单元故障码读取和清除。

①从"发动机控制单元"（整车控制器 VCU）读取到"ABS 制动器控制单元，信号不可信""驾驶员辅助系统前部摄像头不可信"的故障码，这些故障码与 ACC 系统工作相关，会造成 ACC 系统关闭，如图 3-2-9 所示。

图 3-2-8　大众 ID.4 纯电动汽车 ACC 系统设置开关

②根据故障码内容检修，确认相关系统正常后，清除故障码，如图 3-2-10 所示。

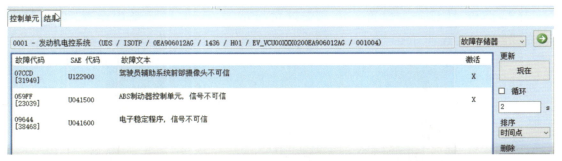

图 3-2-9　大众 ID.4 纯电动汽车 ACC 相关系统故障码读取

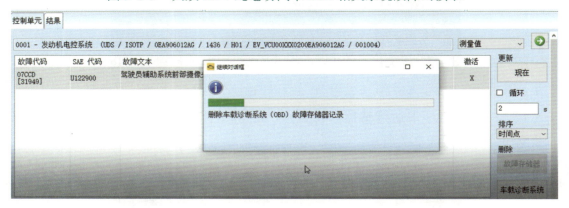

图 3-2-10　大众 ID.4 纯电动汽车 ACC 相关系统故障码清除

（6）确认故障排除。进行以上检修以后，打开点火开关，自适应巡航控制系统不可用警告灯熄灭，故障排除。

2）对故障车辆进行车道保持辅助系统不可用故障诊断并排除故障

（1）验证故障现象。打开点火开关，确认组合仪表黄色的车道保持辅助系统不可用警告灯点亮，并且显示提示信息。组合仪表车道保持辅助系统不可用警告灯，如图 3-2-11 所示。

大众 ID.4 纯电动汽车车道保持辅助系统不可用指示灯亮故障诊断与排除

图 3-2-11　组合仪表车道保持辅助系统不可用警告灯

(2)检查车道保持辅助系统设置。进入中控台显示屏,检查车道保持辅助系统设置,确认设置正确,如图 3-2-12 所示。

图 3-2-12　大众 ID.4 纯电动汽车中控台显示屏车道保持辅助系统设置界面

(3)检查 ADAS 摄像头。检查 ADAS 摄像头,确认摄像头外观和安装正常,如图 3-2-13 所示。

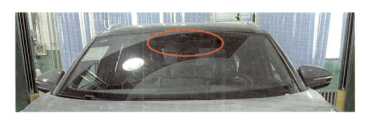

图 3-2-13　大众 ID.4 纯电动汽车前部摄像头

(4)车道保持辅助系统及相关系统控制单元故障码读取和清除。

①从"用于驾驶辅助系统的前部摄像头"读取到"数据总线接收到的故障值"的故障码,这些故障码与车道保持辅助系统工作相关,会造成系统关闭,如图 3-2-14 所示。

图 3-2-14　大众 ID.4 车道保持辅助系统相关系统故障码读取

②根据故障码内容检修,确认相关系统正常后,清除故障码,如图 3-2-15 所示。

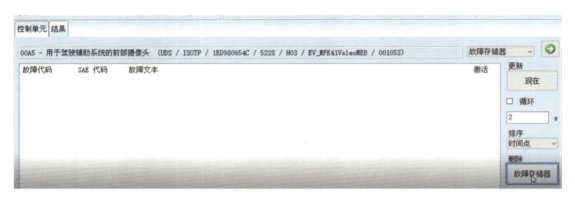

图 3-2-15　大众 ID.4 纯电动汽车车道保持辅助系统相关系统故障码清除

(5)确认故障排除。进行以上检修以后,打开点火开关,车道保持辅助系统不可用警告灯熄灭,相关故障信息也不再显示,故障排除。

3)对故障车辆进行车前测距监控系统不可用故障诊断并排除故障

(1)验证故障现象。打开点火开关,确认组合仪表黄色的车前测距监控系统不可用警告灯点亮,并且显示提示信息。组合仪表车前测距监控系统不可用警告灯,如图 3-2-16 所示。

大众 ID.4 纯电动汽车车前测距监控系统不可用指示灯亮故障诊断与排除

图 3-2-16　组合仪表车前测距监控系统不可用警告灯

(2)检查车前测距监控系统设置。进入中控台显示屏,检查车前测距监控系统设置,确认设置正确,如图 3-2-17 所示。

(3)检查 ADAS 雷达传感器和摄像头。检查 ADAS 雷达传感器和摄像头,确认雷达传感器和摄像头外观和安装正常,如图 3-2-18 所示。

新能源汽车车载网络和高级驾驶辅助系统（ADAS）故障诊断与排除 | 项目三

图 3-2-17　大众 ID.4 纯电动汽车中控台显示屏车前测距监控系统设置界面

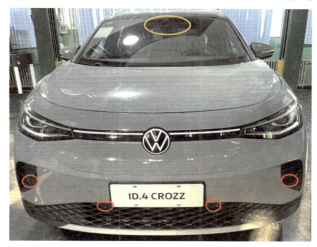

图 3-2-18　大众 ID.4 纯电动汽车前部雷达传感器和摄像头

（4）车前测距监控系统及相关系统控制单元故障码读取和清除。

①从"车距控制"控制单元读取到"数据总线接收到的故障值""数据总线信息不可信"的故障码，这些故障码与车前测距监控系统工作相关，会造成系统关闭，如图 3-2-19 所示。

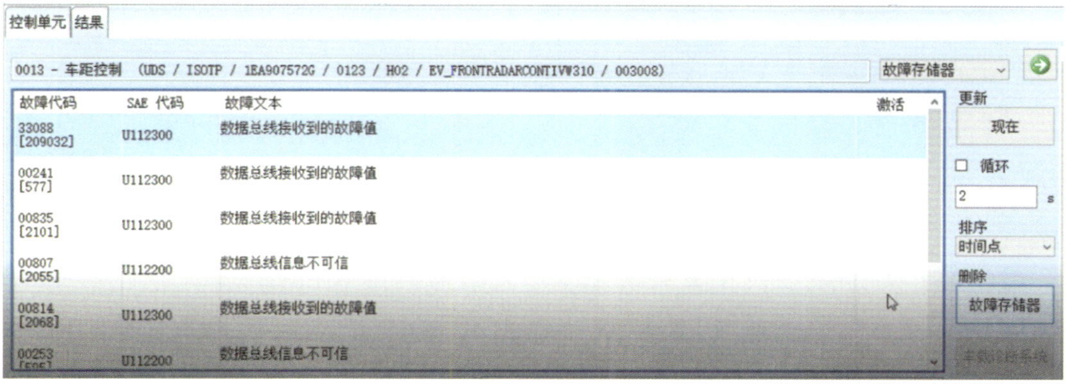

图 3-2-19　大众 ID.4 纯电动汽车车前测距监控系统相关系统故障码读取

②根据故障码内容检修，确认相关系统正常后，清除故障码，如图 3-2-20 所示。

图 3-2-20　大众 ID.4 纯电动汽车车前测距监控系统相关系统故障码清除

（5）确认故障排除。进行以上检修以后，打开点火开关，车前测距监控系统不可用警告灯熄灭，相关故障信息也不再显示，故障排除。

4）对故障车辆进行后视影像系统无法显示故障诊断并排除故障

（1）验证故障现象。起动车辆，挡位至于倒车挡，确认后视影像系统无法显示。

（2）检查驻车辅助系统设置按钮。检查位于中控台的驻车辅助系统设置按钮，确认设置正确，如图 3-2-21 所示。

图 3-2-21　大众 ID.4 纯电动汽车中控台驻车辅助系统设置按钮

（3）检查驻车辅助系统雷达传感器和摄像头。检查驻车辅助系统后部雷达传感器和摄像头，确认雷达传感器和摄像头外观和安装正常，如图 3-2-22 所示。

（4）驻车辅助系统及相关系统控制单元故障码读取和清除。

①从"倒车摄像机系统"读取到"not Available（未获得）"的故障码，说明倒车摄像头或线路故障，会造成系统关闭，如图 3-2-23 所示。

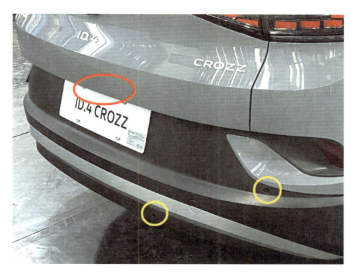

图 3-2-22　大众 ID.4 纯电动汽车后部雷达传感器和摄像头（行李舱开启按钮处）

图 3-2-23　大众 ID.4 纯电动汽车驻车辅助系统相关系统故障码读取

②根据故障码内容检修，确认相关部件正常后，清除故障码，如图 3-2-24 所示。

图 3-2-24　大众 ID.4 纯电动汽车驻车辅助系统相关系统故障码清除

（5）确认故障排除。进行以上检修以后，起动车辆，挡位至于倒车挡，确认后视影像系统显示正常，故障排除。

5）进行质量检验，确认故障排除

（1）自检合格后，填写"维修作业记录表"（维修工单）并签字确认，交付班组长或质检员进行质量检验。

（2）在工作过程中遵循现场工作管理规范，完成"7S"管理规定。

项目四

新能源汽车空调及暖风系统故障诊断与排除

本项目介绍新能源汽车空调及暖风系统故障诊断与排除的方法,包含以下 2 个任务。

任务 1　空调系统不制冷故障诊断与排除;
任务 2　暖风系统不制热故障诊断与排除。

通过以上任务的学习,能够胜任新能源汽车空调及暖风系统故障诊断与排除工作,并严格执行企业安全生产制度、环保管理制度和"7S"管理规定,具备独立分析与解决专业问题的能力。

任务 1　空调系统不制冷故障诊断与排除

情境描述

一辆大众 ID.4 纯电动汽车,根据车辆《用户手册》正确操作空调制冷系统,但出风口没有冷气吹出。你的主管要求你分析故障原因,并排除故障,你能完成这个任务吗?

任务目标

▶ 知识目标

1. 能够描述新能源汽车空调制冷系统故障诊断与排除方法;
2. 能够描述新能源汽车空调系统不制冷故障诊断与排除流程。

▶ 技能目标

1. 能够编制新能源汽车空调系统不制冷故障诊断与排除方案;
2. 能够实施新能源汽车空调系统不制冷故障诊断与排除。

素质目标

1. 塑造职业道德，弘扬中华传统美德，展示中国工匠可信的形象；
2. 培养良好的工作态度，以科学的态度对待科学；
3. 培养钻研新技术的习惯，不断提出真正解决问题的新理念新思路新办法。

知识学习

新能源汽车空调系统的功能与传统汽车一致，但是纯电动汽车没有内燃机发动机，混合动力电动汽车发动机也不持续运转。因此，新能源汽车的空调系统使用高压电驱动压缩机，也称电动空调系统，区别于传统汽车通过发动机曲轴驱动带的驱动形式。新能源汽车空调系统故障诊断与排除时，应注意高压安全，以及电动空调压缩机冷冻油类型等方面的区别。

1. 新能源汽车空调制冷系统故障诊断与排除方法

1）空调制冷系统故障诊断与排除注意事项

空调制冷系统故障诊断与排除过程中需要注意的事项如下。

（1）电动压缩机属于高压部件，检修时应按照高压安全要求进行防护及规范操作。

（2）电动空调系统检修时，务必使用电动压缩机制造厂商指定类型的制冷剂和冷冻油。

（3）进行制冷剂相关操作时，应使用适合制冷剂类型的专用设备进行维修作业，并注意安全操作及环保要求。

（4）空调制冷循环系统检修时，应保持环境和工具整洁。

（5）在加注新的制冷剂前，应先进行循环系统抽真空约 15~30min。

（6）断开的空调管路，必须用密封塞进行密封，防止空气中水分渗入循环系统。

2）空调制冷系统典型的故障现象诊断与排除

空调制冷系统典型的故障现象诊断与排除方法，见表 4-1-1，按照故障可能原因可能性的排序检查每个部件及线路，根据需要进行维修、更换损坏的部件或线路。

空调制冷系统故障诊断与排除表　　　　表 4-1-1

故障现象	可能原因	排除方法
空调系统不制冷或制冷不足	1. 高压配电系统无高压输出	检修高压配电系统
	2. 空调系统控制线路故障	检修空调控制单元、供电电源及搭铁线路、CAN/LIN 通信传输系统

续上表

故障现象	可能原因	排除方法
空调系统不制冷或制冷不足	3. 鼓风机不工作	检修鼓风机及控制线路
	4. 制冷剂缺少	加注制冷剂
	5. 电动压缩机故障	检修电动压缩机本体及高低压线路
	6. 膨胀阀故障	更换膨胀阀
	7. 冷凝器堵塞	更换冷凝器
	8. 空调管路堵塞	更换管路
	9. 空调控制面板故障	检修空调控制面板或操作机构
	10. 制冷循环系统压力不足	检修制冷循环系统
空调制冷系统工作时异响	1. 电动压缩机部件松动	紧固电动压缩机部件
	2. 电动压缩机轴承损坏	更换电动压缩机轴承
	3. 鼓风机、送风机构电机故障	检修鼓风机及送风机构电机

2. 新能源汽车空调系统不制冷故障诊断与排除流程

以空调系统不制冷为例,介绍新能源汽车空调系统故障诊断与排除流程。

1)空调系统不制冷的故障现象

当车辆进入行驶准备就绪状态(高压系统上电),操作空调面板进入空调制冷模式,如果空调系统出风口没有冷气吹出或温度偏高,说明空调制冷系统工作不正常,应进行检修。

2)空调系统不制冷的可能原因

空调制冷系统不工作或工作不正常,应检查是否满足空调制冷条件。空调系统制冷请求信号发送的条件包括以下几点。

(1)空调控制单元(包括电源及通信)正常。

(2)空调面板 A/C 开关及其他电子元件正常。

(3)制冷循环系统高压、低压的压力正常。

(4)空调压缩机启停时间的间隔大于等于10s或规定的时间。

(5)蒸发器温度高于等于4℃或规定的温度。

(6)鼓风机运转。

(7)送风系统管道及出风口正常。

(8)高压系统工作正常。

在满足空调制冷的条件下,如果电动压缩机不运转,检查压缩机电路及压缩机本体。

3) 空调系统不制冷的故障诊断流程

新能源汽车空调系统不制冷的故障诊断与排除流程,见表4-1-2。

空调系统不制冷的故障诊断与排除流程　　　　　表4-1-2

步骤	检测及诊断操作	诊断结果	是	否
1	检查送风系统(是否有风吹出)	是否正常	下一步	检修鼓风机及送风管道
2	使用诊断仪读取空调控制单元故障码	是否有相关故障码	根据内容检修后,清除故障码	下一步
3	使用诊断仪读取空调系统数据流,空调开关、压力、温度相关信号	是否正常	下一步	根据异常内容检修
4	检查制冷循环系统是否泄漏,以及高压、低压的压力	是否正常	下一步	进行制冷剂加注、检漏等检修
5	检查电动压缩机	是否运转	重复以上步骤	检修电动压缩机电源及本体

技能操作

参照"知识学习"的内容,必要时参考《用户手册》《维修手册》或其他技术资料,执行以下技能操作。

1. 编制新能源汽车空调系统不制冷故障诊断与排除方案

1)接受工作任务,明确任务内容

(1)从车间主管或班组长处接受车辆维修任务。

(2)阅读维修工单,明确任务要求。

(3)必要时与业务接待员、客户沟通,提前列出需要问诊的内容。

(4)利用故障现象再现方法,确认故障现象。

大众ID.4纯电动汽车空调不制冷故障诊断与排除

2）编制故障诊断与排除方案

(1) 查阅《维修手册》及其他维修技术资料,画出空调制冷系统相关的电路图。大众 ID.4 纯电动汽车空调系统低压电源的电路图,如图 4-1-1 所示;大众 ID.4 纯电动汽车空调控制单元电源及通信相关的电路图,如图 4-1-2 所示;大众 ID.4 纯电动汽车电动空调压缩机电路图,如图 4-1-3 所示。

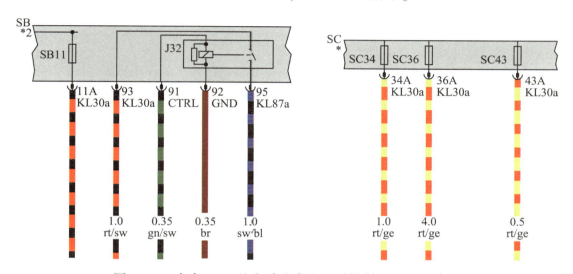

图 4-1-1　大众 ID.4 纯电动汽车空调系统低压电源电路图
SB-熔断丝架 B(前机舱);SC-熔断丝架 C(驾驶室仪表板左下方);SB11-熔断丝架 B 上的熔断丝 11;SC34-熔断丝架 C 上的熔断丝 34;SC36-熔断丝架 C 上的熔断丝 36;SC43-熔断丝架 C 上的熔断丝 43;J32 空调器继电器;KL30a-蓄电池电源;GND-搭铁;CTRL-控制;KL87a-到压缩机电源

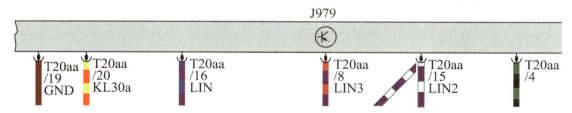

图 4-1-2　大众 ID.4 纯电动汽车空调控制单元电源及通信电路图
J979-暖风装置和空调器控制单元;GND-搭铁;LIN-LIN 总线;T20aa-20 芯插头连接

提示：因车型及年款差异,电路图仅供参考,请参阅实际对应车型的电路图。

(2) 根据故障现象,分析故障可能产生的原因及理由,编制新能源汽车空调系统不制冷的故障诊断与排除方案,并画出故障诊断与排除流程图(参照表 4-1-2)。

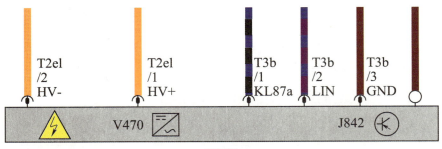

图 4-1-3　大众 ID.4 纯电动汽车电动空调压缩机控制电路图

VX81-空调压缩机总成；V470-电动压缩机；HV－-高电压蓄电池高压负极；HV＋-高电压蓄电池高压正极；LIN-LIN 总线；GND-搭铁；T2el-2 芯插头连接；T3b-3 芯插头连接

（3）列出故障检修过程中需要注意的事项。

2．实施新能源汽车空调系统不制冷故障诊断与排除

1）对故障车辆进行诊断并排除故障

（1）验证故障现象。开启空调后出风口温度偏高。大众 ID.4 纯电动汽车空调制冷系统操作界面，如图 4-1-4 所示。

图 4-1-4　大众 ID.4 纯电动汽车空调制冷系统操作界面

（2）使用诊断仪器读取故障码和数据流。使用诊断仪器读取空调控制单元（空调/暖风电子装置）故障码，但诊断仪器无法与空调控制单元通信，如图 4-1-5 所示。

提示：新能源汽车电动空调制冷系统出现故障，应首先使用进行故障码读取和数据流分析。

图 4-1-5　诊断仪器读取空调系统故障码

(3)检查空调控制单元线路。

①如果诊断仪器不能与空调控制单元通信,故障原因最可能是空调控制单元的电源及线路不良,应检查空调控制单元的供电、通信线路。大众 ID.4 纯电动汽车位于驾驶室左下方熔断丝座 C 内的空调控制单元熔断丝,如图 4-1-6 所示。

②使用万用表检测空调控制单元熔断丝的电源电压及通断,发现断路,则更换损坏的熔断丝,如图 4-1-7 所示。

图 4-1-6　大众 ID.4 纯电动汽车空调控制单元熔断丝

图 4-1-7　空调控制单元熔断丝检测

(4)确认故障排除。进行以上检修以后,打开空调开关,空调出风口应有冷风吹出;诊断仪器能够与空调控制单元通信,如图 4-1-8 所示。

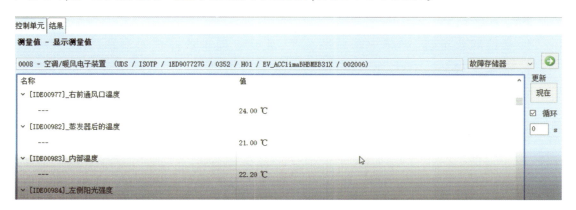

图 4-1-8　诊断仪器读取空调系统数据流

2)进行质量检验,确认故障排除

(1)自检合格后,填写"维修作业记录表"(维修工单)并签字确认,交付班组长或质检员进行质量检验。

(2)在工作过程中遵循现场工作管理规范,完成"7S"管理规定。

任务 2　暖风系统不制热故障诊断与排除

情境描述

一辆大众 ID.4 纯电动汽车,根据车辆《用户手册》正确操作暖风制热系统,但出风口没有暖风吹出。你的主管要求你分析故障原因,并排除故障,你能完成这个任务吗?

任务目标

▶ 知识目标

1. 能够描述新能源汽车暖风制热系统故障诊断与排除方法;
2. 能够描述新能源汽车暖风系统不制热故障诊断与排除流程。

▶ 技能目标

1. 能够编制新能源汽车暖风系统不制热故障诊断与排除方案;
2. 能够实施新能源汽车暖风系统不制热故障诊断与排除。

▶ 素质目标

1. 塑造职业道德,弘扬中华传统美德,展示中国工匠可信的形象;
2. 培养良好的工作态度,以科学的态度对待科学;
3. 培养钻研新技术的习惯,不断提出真正解决问题的新理念新思路新办法。

知识学习

新能源汽车没有来自内燃机发动机冷却系统稳定的热源,暖风系统制热方式采用制热模块(PTC)加热器制热。由于新能源汽车送风系统与传统汽车一致,如果送风系统正常而没有暖风吹出,那么故障原因出在 PTC 加热器及控制线路。

1. 新能源汽车暖风制热系统故障诊断与排除方法

1)暖风制热系统故障诊断与排除注意事项

暖风制热系统故障诊断与排除过程中需要注意的事项如下。

（1）PTC加热器属于高压部件，检修时应按照高压安全要求进行防护及规范操作。

（2）对于采用加热电热液的暖风制热系统，务必使用汽车制造厂商指定类型的电热液。

（3）安装加热电热液的PTC加热器时应注意电热液管路进、出口方向。

（4）加热电热液PTC加热器首次工作前或管路部件维修后，应使电动循环水泵先运转，并确认管路已经排气，再给PTC加热器上电。

（5）采用加热空气的PTC加热器，加热器安装时应注意不要接触到其他易燃部件。

2）暖风制热系统典型的故障现象诊断与排除

暖风制热系统典型的故障现象诊断与排除方法，见表4-2-1，序号表示故障原因可能性排序，按照该顺序检查每个部件及线路，根据需要进行维修、更换损坏的部件或线路。

暖风制热系统故障诊断与排除   表4-2-1

故障现象	可能原因	排除方法
无暖风或暖风不足	1. 鼓风机不运转	检修鼓风机及线路
	2. 鼓风机调速电阻损坏	更换调速电阻
	3. 暖风通风管道脱落	检修暖风通风管道
	4. 电热液不足或受阻	检修管路，加注电热液
	5. 暖风管路堵塞	检修管路
	6. 电动循环水泵电机不运转	检修循环水泵电机及线路
	7. PTC加热器损坏	更换PTC加热器
	8. PTC加热器温度传感器故障	检修温度传感器及线路
	9. 空调控制单元（控制器）损坏	检修控制单元及线路
	10. 高压配电系统无高压输出	检修高压配电系统
暖风系统异响	1. 电动循环水泵故障	检修暖风循环水泵及线路
	2. 鼓风机故障	更换鼓风机

2. 新能源汽车暖风系统不制热故障诊断与排除流程

以暖风系统不制热为例，介绍新能源汽车暖风制热系统故障诊断与排除流程。

1）暖风系统不制热的故障现象

当车辆进入行驶准备就绪状态（高压系统上电），操作空调面板进入暖风制热模式，如果空调系统出风口没有暖风吹出或温度偏低，说明暖风制热系统工作不正常，应进行检修。

2）暖风系统不制热的可能原因

暖风系统无暖风（不制热）或供暖不足，首先应判断是送风系统的故障还是PTC供暖（制热）循环系统的故障。与传统汽车类似，新能源汽车送风系统故障通常出现在鼓风机及其控制电路；供暖循环系统故障通常出现在PTC加热器及其控制电路。

3）暖风系统不制热的故障诊断流程

新能源汽车暖风系统不制热的故障诊断与排除流程，见表4-2-2。

暖风系统不制热的故障诊断与排除流程　　　　表4-2-2

步骤	检测及诊断操作	诊断结果	是	否
1	检查送风系统	是否正常	下一步	检修鼓风机及送风管道
2	使用诊断仪读取空调控制单元故障码	是否有相关故障代码	根据内容检修后，清除故障码	下一步
3	使用诊断仪读取暖风制热系统数据流、空调开关、压力、温度相关信号	是否正常	下一步	根据异常内容检修
4	检查PTC加热器	是否工作	下一步	检修PTC加热器电源及本体
5	检查供暖循环系统电动水泵及循环系统	是否正常	重复以上步骤	检修功能循环系统管路、电机及线路

技能操作

参照"知识学习"的内容，必要时参考《用户手册》《维修手册》或其他技术资料，执行以下技能操作。

1. 编制新能源汽车暖风系统不制热故障诊断与排除方案

1）接受工作任务，明确任务内容

（1）从车间主管或班组长处接受车辆维修任务。

大众ID.4纯电动汽车暖风不制热故障诊断与排除

(2)阅读维修工单,明确任务要求。

(3)必要时与业务接待员、客户沟通,提前列出需要问诊的内容。

(4)利用故障现象再现方法,确认故障现象。

2)编制故障诊断与排除方案

(1)查阅《维修手册》及其他维修技术资料,画出暖风制热系统相关的电路图。大众 ID.4 纯电动汽车暖风制热系统 PTC 加热器(高电压加热装置)的电路图,如图4-2-1所示。

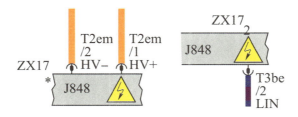

图4-2-1 大众 ID.4 纯电动汽车暖风 PTC 加热器电路图

J848-高电压加热装置(PTC)的控制单元;ZX17-高电压加热装置(PTC);HV−-来自高电压蓄电池的负极;HV+-来自高电压蓄电池的正极;LIN-来自暖风装置和空调控制器(J979)的LIN 总线;T2em-2 芯插头连接;T3be-3 芯插头连接

提示:因车型及年款差异,电路图仅供参考,请参阅实际对应车型的电路图。

(2)根据故障现象,分析故障可能产生的原因及理由,编制新能源汽车暖风系统不制热的故障诊断与排除方案,并画出故障诊断与排除流程图(参照表4-2-2)。

(3)列出故障检修过程中需要注意的事项。

2. 实施新能源汽车暖风系统不制热故障诊断与排除

1)对故障车辆进行诊断并排除故障

(1)验证故障现象。开启暖风制热模式后,空调出风口有自然风吹出,说明送风系统正常,但不制热。大众 ID.4 纯电动汽车暖风制热系统操作界面,如图4-2-2所示。

(2)使用诊断仪器读取故障码和数据流。使用诊断仪器读取空调控制单元(空调/暖风电子装置)故障码,读取到"高电压加热器控制单元,高电压太低",如图4-2-3所示。

提示:新能源汽车暖风制热系统采用高电压的 PTC 加热器,出现故障应首先使用进行故障码读取和数据流分析。

图4-2-2 大众 ID.4 纯电动汽车暖风制热系统操作界面

图 4-2-3　诊断仪器读取暖风制热系统故障码

图 4-2-4　大众 ID.4 纯电动汽车 PTC 加热器高压线路

（3）检查高电压加热器（PTC）及线路。检查 PTC 加热器高压线路，修复接触不良接插件，如图 4-2-4 所示。

（4）诊断仪器清除暖风制热系统故障码。使用诊断仪器清除空调控制单元（空调/暖风电子装置）故障码，判断故障码是否能够清除，而且不再出现，如图 4-2-5 所示。

（5）确认故障排除。进行以上检修以后，再次操作暖风制热系统，空调出风口应有暖风吹出，确认暖风制热系统工作正常。

图 4-2-5　使用诊断仪器清除空调控制单元故障码

2）进行质量检验，确认故障排除

（1）自检合格后，填写"维修作业记录表"（维修工单）并签字确认，交付班组长或质检员进行质量检验。

（2）在工作过程中遵循现场工作管理规范，完成"7S"管理规定。

项目五

新能源汽车底盘系统故障诊断与排除

本项目介绍新能源汽车底盘系统故障诊断与排除的方法,包含以下2个任务。
任务1　电控制动系统故障警告灯亮故障诊断与排除;
任务2　电动助力转向系统转向无助力故障诊断与排除。
通过以上任务的学习,能够胜任新能源汽车底盘制动、转向系统常见故障的诊断与排除工作,并严格执行企业安全生产制度、环保管理制度和"7S"管理规定,具备独立分析与解决专业问题的能力。

任务1　电控制动系统故障警告灯亮故障诊断与排除

📖 情境描述

一辆大众ID.4纯电动汽车,在行驶中组合仪表的电子稳定程序、ABS、胎压监测系统多个故障警告灯同时点亮,信息提示"无法计算车速。请去维修站。"你的主管要求你分析故障原因,并排除故障,你能完成这个任务吗?

📖 任务目标

▶ **知识目标**

1. 能够描述新能源汽车电控制动系统故障诊断与排除方法;
2. 能够描述新能源汽车电控制动系统故障警告灯亮故障诊断与排除流程。

▶ **技能目标**

1. 能够编制新能源汽车电控制动系统故障警告灯亮故障诊断与排除方案;
2. 能够实施新能源汽车电控制动系统故障警告灯亮故障诊断与排除。

素质目标

1. 塑造职业道德，弘扬中华传统美德，展示中国工匠可信的形象；
2. 培养良好的工作态度，以科学的态度对待科学；
3. 培养钻研新技术的习惯，不断提出真正解决问题的新理念新思路新办法。

知识学习

无论是传统汽车还是新能源汽车，目前汽车制动系统基本上都采用集成传统液压制动、防抱死制动（ABS）、电子制动力分配（EBD）、驱动防滑或TCS牵引力控制（ASR）和电子稳定程序（ESP）系统为一体的电控制动系统。由于新能源汽车没有内燃机发动机提供稳定的真空制动助力，为了确保行车安全，制动系统是在传统汽车液压制动系统基础上增加了电动真空助力系统，或直接采用电子控制制动（ECB）系统。

1. 新能源汽车电控制动系统故障诊断与排除方法

1）电控制动系统故障诊断与排除注意事项

电控制动系统故障诊断与排除过程中需要注意的事项如下。

（1）当电气部件针脚触点或者是部件安装出现故障时，对被怀疑部件的拆除和重新安装可能使系统完全或暂时恢复到正常状态。

（2）为了准确的判断故障部位，必须检查故障发生时的各种情况。例如故障码输出和历史数据，并且在断开每一个接插件或安装拆除部件之前都要记录。

（3）因为电控制动系统可受到除制动控制系统外其他系统的影响，所以一定要检查其他系统中的故障码。

（4）由于电子稳定程序（ESP）或电子控制制动系统（ECB）部分部件拆装后无法进行正确调整，包括转向角度传感器、偏移率传感器或制动踏板行程传感器等，因此，除非必要，否则不要对ESP或ECB系统的部件进行拆装。

（5）在按照《维修手册》中的指示完成ESP或ECB系统的修理工作后和进行确认前，一定要做好相应的准备工作。

（6）除非在检查步骤中有专门规定，否则一定要在点火开关关闭或蓄电池负极断开的情况下拆装ECU、执行器以及每个传感器。

（7）ABS执行器、制动主缸等部件的拆装能够造成液面下降到储液罐端口以下，发生这种情况一定要排放管路的空气，直到管路中的气体被完全排空。

（8）在拆装ECU、执行器和各传感器时，在安装所有部件后，一定要确认故障码输出正常显示。

(9)安全保护功能。

①当制动控制系统发生故障时,防抱死制动系统(ABS)ECU点亮相应故障系统的警告灯(ECB、ABS、ESP等)并且禁止ABS、ESP和制动辅助系统操作。

②根据故障情况,除了故障部件之外,正常部件能继续ECB系统的控制。

(10)CAN总线通信系统注意事项。

①CAN总线通信系统用于制动防滑控制ECU、转向角度传感器、偏移率传感器(包括减速度传感器)和其他ECU之间的数据通信。如果CAN通信线路有故障,系统会输出通信线路相应的故障码。

②如果系统输出CAN通信线路的故障码,应首先修理通信线路的故障,数据通信正常后,还要对ESP系统进行故障排除。

③由于CAN传输线路有规定的长度和路线,因此,不能临时使用旁路接线来修理。

提示:检修前务必首先排除传统液压制动系统的原因,如摩擦片、制动盘等。

2)电控制动系统典型的故障现象诊断与排除

制动系统液压部分故障现象诊断与排除方法,见表5-1-1;电动真空助力系统故障现象诊断与排除方法,见表5-1-2;电控制动系统故障现象诊断与排除方法,见表5-1-3。序号表示故障原因可能性排序,按照该顺序检查每个部件及线路,根据需要进行维修、更换损坏的部件或线路。

制动系统故障诊断与排除(传统液压部分)　　　　表5-1-1

故障现象	可能原因	排除方法
制动力不足	1. 制动液(没有制动液或严重不足)	补充制动液
	2. 制动主缸、轮缸(主缸缸壁磨损严重或主缸、轮缸皮碗损坏)	更换
	3. 制动管路破裂或泄漏	更换制动油管
	4. 制动管路内部有空气	制动系统排气
	5. 制动踏板自由行程过大	调整
	6. 各车轮制动器磨损及其他损坏	更换
制动跑偏	1. 个别制动器调整不当或损坏	调整或更换
	2. 个别制动轮缸发卡、泄漏或其他损坏	更换

续上表

故障现象	可能原因	排除方法
制动跑偏	3.制动管路（左右制动软管及接头堵塞、泄漏，管路有空气）	疏通、更换管路，制动系统排气
	4.左右轮胎气压不一致	调整气压
制动发卡（所有车轮同时发卡）	1.制动主缸回位缓慢	修复或更换主缸
	2.制动踏板自由行程过小	调整
	3.制动管路堵塞或回油不畅	疏通管路
制动发卡（个别车轮发卡）	1.对应制动器调整不当或损坏	调整间隙
	2.对应制动轮缸发卡	更换
	3.制动管路堵塞	疏通管路
制动异响	1.制动盘、制动鼓失圆或磨损不均	修复或更换制动鼓
	2.制动器摩擦片过度磨损或损坏	更换或修复
制动踏板逐步下沉	1.制动管路漏油或有空气	制动系统排气
	2.制动主缸磨损、泄漏	更换或修复
	3.制动轮缸磨损、泄漏	更换或修复
制动踏板过于沉重	1.真空助力器动作不畅	更换或修复
	2.真空助力器真空泄漏	更换或修复
	3.真空管路堵塞、破损或漏气	更换或修复

制动系统故障诊断与排除（电动真空助力部分）　　　表5-1-2

故障现象		可能原因	排除方法
电动真空泵不启动	整车控制器（VCU）未输出真空泵控制信号	1.真空度传感器的接插件退针、接触不良	插拔、修复相应接插件
		2.真空度传感器故障	更换真空度传感器
		3.整车控制器（VCU）故障	更换整车控制器（VCU）
	整车控制器（VCU）已输出真空泵控制信号	1.电动真空泵熔断丝断路	更换电动真空泵熔断丝
		2.电动真空泵及继电器接插件退针、接触不良	修复接插件相应针脚

续上表

故障现象		可能原因	排除方法
电动真空泵不启动	整车控制器（VCU）已输出真空泵控制信号	3. 电动真空泵继电器损坏	更换电动真空泵继电器
		4. 电动真空泵接地线断路	连接电动真空泵接地线
		5. 电动真空泵故障	更换电动真空泵
电动真空泵常转		1. 真空管路、真空罐漏气、管路接头松动漏气	更换真空罐、真空管路，紧固真空管路接头
		2. 真空度传感器损坏	更换真空度传感器
		3. 电动真空泵性能衰减	更换电动真空泵
真空度不足报警		真空罐上真空度传感器或压力开关损坏	更换真空罐上真空度传感器或压力开关
未踩制动踏板，电动真空泵频繁启动		1. 单向阀损坏	更换单向阀
		2. 其他	参照电动真空泵常转故障解决方法

制动系统故障诊断与排除（电控制动部分）　　表 5-1-3

故障现象	可能原因	排除方法
紧急制动时，车轮被抱死	1. ABS 故障警告灯点亮（存储故障码）	读取故障代码，按故障码处理
	2. ABS 故障警告灯不亮	检查 ABS 故障警告灯泡和 ABS ECU 与 ABS 故障警告灯之间电路
	3. 打开点火开关，检查 ABS 液压控制单元电磁阀是否有响声（检查时不可踩下制动踏板）	检查 ABS ECU 的电源针脚和搭铁之间是否有电压，没有电压则为电路故障，否则检查 ABS ECU 的搭铁针脚是否搭铁
	4. 检查轮速传感器及相关线路	如有不正常，更换或检修
	5. 检查 ABS 液压控制单元电磁阀及相关线路	如有不正常，更换或检修

续上表

故障现象	可能原因	排除方法
行驶过程或放开驻车制动,ABS故障警告灯亮	1. 检查制动液量	制动液不足时,重新加足
	2. 放开驻车制动,踩下制动踏板,ABS故障警告灯不灭	读取故障码,没有故障码则是ABS ECU故障
	3. 将ABS ECU接插件断开,ABS故障警告灯仍不熄灭	检查驻车制动开关、制动液量开关、ABS故障警告灯线路
	4. ABS ECU的电源和搭铁针脚之间的电压不足过低	检查电路和蓄电池
制动效果不佳,防抱死工作不正常	1. 检查车轮尺寸、胎压及磨损状况	不正常时,修理或更换
	2. 检查蓄电池的电压	电压如果不足12V,则应充电
	3. 检查液压制动系统的制动管路	不正常时,修理或更换
	4. 未踩下制动踏板时,检查ABS ECU的电源针脚和车身搭铁之间是否有电压	如果有电压,则查看ABS故障警告灯开关及线路是否正常
	5. 检查轮速传感器和信号齿轮的齿面	不正常时,修理或更换

2. 新能源汽车电控制动系统故障警告灯亮故障诊断与排除流程

以电控制动系统故障警告灯亮为例,介绍新能源汽车电控制动系统故障诊断与排除流程。

1)电控制动系统故障警告灯亮的故障现象

点火开关打开时,组合仪表的电控制动系统故障警告灯点亮,并显示相关的提示信息,通常伴随着ABS及其他电控制动系统不工作,也有可能频繁工作或工作时机错误(不该工作的时候工作)。

2)电控制动系统故障警告灯亮的可能原因

新能源汽车电控制动系统故障警告灯点亮的故障可能原因如下。

(1)电控制动系统传感器、执行器及线路不良。

(2)电控制动系统控制单元(制动电子装置)不良。

(3)其他相关的可能故障,包括CAN总线系统其他控制单元存储了可能影响电控制动系统的故障码,例如电子节气门相关的故障码。

3)电控制动系统故障警告灯亮的故障诊断流程

新能源汽车电控制动系统故障警告灯亮的故障诊断与排除流程,见表5-1-4。

电控制动系统故障警告灯亮的故障诊断与排除流程　　　表5-1-4

步骤	检测及诊断操作	诊断结果	是	否
1	检查制动液液位和质量	是否不足或脏污、变质	调整或更换	下一步
2	检查制动系统相关的电子部件及线路	是否有断路、脱落及其他损坏	更换或修复	下一步
3	检查制动系统相关的机械机构、真空管路、液压管路	是否有磨损、松旷、泄漏及其他损坏	更换或修复	下一步
4	使用诊断仪器读取电控制动系统故障码及数据流	是否有相关故障代码及异常数据	根据异常内容检修	重复以上步骤

技能操作

参照"知识学习"的内容,必要时参考《用户手册》《维修手册》或其他技术资料,执行以下技能操作。

1. 编制新能源汽车电控制动系统故障警告灯亮故障诊断与排除方案

1)接受工作任务,明确任务内容

(1)从车间主管或班组长处接受车辆维修任务。

(2)阅读维修工单,明确任务要求。

(3)必要时与业务接待员、客户沟通,提前列出需要问诊的内容。

(4)利用故障现象再现方法,确认故障现象。

大众ID.4纯电动汽车电控制动系统故障指示灯点亮故障诊断与排除

2)编制故障诊断与排除方案

(1)查阅《维修手册》及其他维修技术资料,画出电控制动系统相关的电路图。大众ID.4纯电动汽车ABS控制单元的电路图(电源部分),如图5-1-1所示;大众ID.4纯电动汽车ABS控制单元的电路图(轮速传感器部分)如图5-1-2所示。

提示:因车型及年款差异,电路图仅供参考,请参阅实际对应车型的电路图。

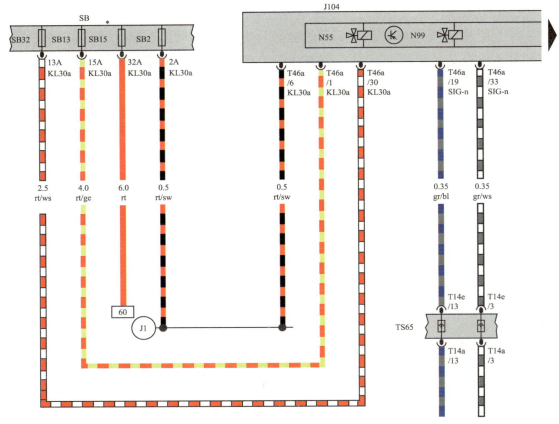

图5-1-1 大众ID.4纯电动汽车ABS控制单元电路图(电源部分)

J104-ABS控制单元;SB-熔断丝架B(前机舱);SB2-熔断丝架上的熔断丝2;SB13-熔断丝架上的熔断丝13;SB15-熔断丝架上的熔断丝15;SB32-熔断丝架上的熔断丝32;N55-ABS液压单元;N99-右前ABS电磁阀(进);SIG-n-到电驱动装置的功率及控制电子系统(电机控制器JX4)的信号针脚;J1-低压蓄电池正极连接(30),在ABS线束中;TS65-底盘前部连接位置;KL30a-蓄电池电源;T46a-46芯插头连接;T14a-14芯插头连接a;T14e-14芯插头连接e;60-线路图连接点编号

(2)根据故障现象,分析故障可能产生的原因及理由,编制新能源汽车电控制动系统故障警告灯亮的故障诊断与排除方案,并画出故障诊断与排除流程图(参照表5-1-4)。

(3)列出故障检修过程中需要注意的事项。

2. 实施新能源汽车电控制动系统故障警告灯亮故障诊断与排除

1)对故障车辆进行诊断并排除故障

(1)验证故障现象。点火开关打开时,组合仪表的电子稳定程序、ABS系统、胎压监测系统故障警告灯点亮,信息提示"无法计算车速。请去维修站。"。大众ID.4纯电动汽车电控制动系统故障警告灯及提示信息,如图5-1-3所示。

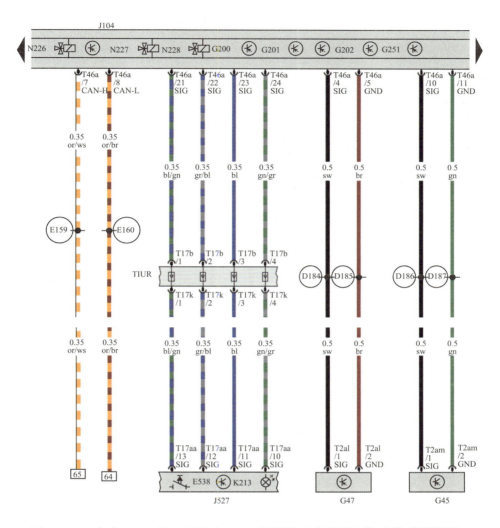

图 5-1-2 大众 ID.4 纯电动汽车 ABS 控制单元电路图(轮速传感器部分)

J104-ABS 控制单元;N226-动态行驶控制转换阀 2;N227-动态行驶控制高压转换阀 1;N228-动态行驶控制高压转换阀 2;G200-横向加速度传感器;G201-制动压力传感器 1;G202-偏转率传感器;G251-纵向加速度传感器;J527-转向柱电子装置控制单元;E538-机电式驻车制动器按钮;K213-机电式驻车制动器警告灯;G47-左前轮速传感器;G45-右前轮速传感器;SIG-信号;GND-搭铁;CAN-H-CAN 总线的 H(高电位)针脚;CAN-L-CAN 总线的 L(低电位)针脚;T46a-46 芯插头连接;T17b-17 芯插头连接 b;T17k-17 芯插头连接 k;T17aa-17 芯插头连接 a;T2al-2 芯插头连接 l;T2am-2 芯插头连接 m;TIUR-车内下部右侧连接位置;64/65-线路图连接点编号;E159-连接车载电网控制单元的 CAN-H;E160-连接车载电网控制单元的 CAN-L;D184-连接左前轮速传感器+(在前机舱导线束中);D185-连接左前轮速传感器-(在前机舱导线束中);D186-连接右前轮速传感器+(在前机舱导线束中);D187-连接右前轮速传感器-(在前机舱导线束中)

(2)检查液压制动系统机械、电气部件。目视检查液压制动系统相关的机械、电气部件,如图 5-1-4 所示。

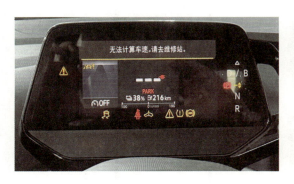

图 5-1-3　电控制动系统故障警告灯及提示信息

图 5-1-4　目视检查液压制动系统部件

(3)使用诊断仪进行故障诊断。使用诊断仪读取电控制动系统(制动电子装置)故障码,内容为"右前转速传感器,断路/对地短路",如图 5-1-5 所示。

图 5-1-5　诊断仪读取电控制动系统故障码

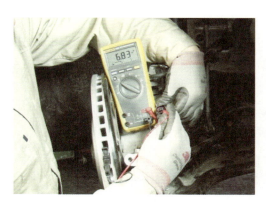

图 5-1-6　轮速传感器接插件电压检测

(4)轮速(转速)传感器检测。

①使用万用表电压挡检测轮速传感器接插件控制单元一侧两个针脚的电压,如图 5-1-6 所示,点火开关打开时,万用电压表电压显示为 1.0～12V 说明线路正常。如果检测不到电压或电压为 0,应检查线路是否断路、对地短路。

②使用万用表电阻挡检测轮速传感器电阻,阻值大约为 0.8MΩ,电阻值正常,如

图 5-1-7 所示。如果电阻值偏高或偏低,应更换传感器。

③检查轮速传感器接插件针脚,如图 5-1-8 所示,修复接触不良的针脚。

图 5-1-7　轮速传感器电阻检测

图 5-1-8　轮速传感器接插件检查

(5)使用诊断仪清除故障码。使用诊断仪器清除电控制动系统控制单元(制动电子装置)的故障码,如图 5-1-9 所示如果不能清除,应继续重复以上轮速传感器检查步骤。

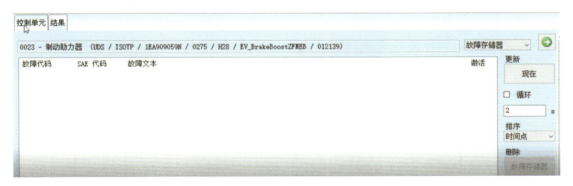

图 5-1-9　诊断仪清除电控制动系统故障码

(6)确认故障排除。进行以上检修以后,打开点火开关,组合仪表中电控制动系统故障警告灯熄灭,提示信息消除,故障排除。

2)进行质量检验,确认故障排除

(1)自检合格后,填写"维修作业记录表"(维修工单)并签字确认,交付班组长或质检员进行质量检验。

(2)在工作过程中遵循现场工作管理规范,完成"7S"管理规定。

新能源汽车常见故障诊断与排除

任务2 电动助力转向系统转向无助力故障诊断与排除

📖 情境描述

一辆大众ID.4纯电动汽车,在行驶中组合仪表电动助力转向故障警告灯点亮,转向无助力。你的主管要求你分析故障原因,并排除故障,你能完成这个任务吗?

📖 任务目标

▶ 知识目标

1. 能够描述新能源汽车电动助力转向系统故障诊断与排除方法;
2. 能够描述新能源汽车电动助力转向系统转向无助力故障诊断与排除流程。

▶ 技能目标

1. 能够编制新能源汽车电动助力转向系统转向无助力故障诊断与排除方案;
2. 能够实施新能源汽车电动助力转向系统转向无助力故障诊断与排除。

▶ 素质目标

1. 塑造职业道德,弘扬中华传统美德,展示中国工匠可信的形象;
2. 培养良好的工作态度,以科学的态度对待科学;
3. 培养钻研新技术的习惯,不断提出真正解决问题的新理念新思路新办法。

👥 知识学习

由于没有燃油发动机持续提供转向助力的能源,新能源汽车都采用与传统汽车一样的电动助力转向(EPS)系统。

1. 新能源汽车电动助力转向系统故障诊断与排除方法

1)电动助力转向系统故障诊断与排除注意事项

新能源汽车电动助力转向系统故障诊断与排除过程中需要注意的事项如下。

(1)高压安全防护。与传统汽车一样,新能源汽车电动助力转向(EPS)系统转向助力电机的电源电压通常为42V,属于A级电压,根据国家相关标准,无须做高压安全防护。但进行 EPS 系统检修时,如果涉及其他高压系统的拆装,必须按照高压安全要求进行防护及规范操作。

(2)电气部件检修时,应注意以下几点。

①因 EPS 系统电动转向器属于汽车安全件,其零件制造及装配工艺有严格的要求,禁止非专业人员自行拆装转向器内部零件。

②进行 EPS 系统部件拆装时,必须确认点火开关置于关闭位置。

③电气部件应避免撞击,若 EPS 系统控制器和电机发生跌落或遭受撞击后,应进行更换。

④在 EPS 系统检修时,严禁将电气部件暴露在高温或者潮湿的环境中。

⑤不要触碰转向系统电气部件接插件针脚,以防变形或造成其他故障。

⑥更换转向器总成后,或电源曾经断开,需要使用专用诊断仪对 EPS 系统进行标定。

(3)机械部件检修时,应注意。

①转向系统部件拆装过程中,应轻取轻放,严禁用力敲打、撞击。

②转向管柱或转向器总成移动时,应注意线束的位置,避免提拉线束。

③转向系统部件维修或更换后,应进行性能测试,保证各部件工作灵活,无卡滞现象。

提示:检修前务必首先排除非电动助力转向系统的原因,如四轮定位、悬架、轮胎等。

2)电动转向系统典型的故障现象诊断与排除

转向系统机械部分故障现象诊断与排除方法,见表 5-2-1;转向系统助力部分故障现象诊断与排除方法,见表 5-2-2。序号表示故障原因可能性排序,按照该顺序检查每个部件及线路,根据需要进行维修、更换损坏的部件或线路。

转向系统故障诊断与排除(机械部分)　　　　　表 5-2-1

故障现象	可能原因	排除方法
转向沉重	1. 电动转向器调整不当	重新检查调整
	2. 电动转向器传动部件损坏或发卡	更换电动转向器
	3. 主销和衬套间隙过大	检查和调整间隙
	4. 推力球轴承磨损	校正装配
	5. 转向拉杆球节连接过紧或过松	更换转向拉杆球节

续上表

故障现象	可能原因	排除方法
转向沉重	6.轮胎气压过低或过度磨损	补充到规定压力,检查轮胎磨损情况
转向盘自由间隙过大	1.锁紧螺母松动	紧固松动螺母
	2.转向盘连接部位花键过度磨损	更换转向盘
	3.转向传动轴花键过度磨损	更换转向传动轴
	4.万向节十字轴损坏	更换损坏的万向节十字轴总成
	5.电动转向器调整不当	重新检查调整
	6.转向拉杆球节磨损	更换转向拉杆球节
转向异响或发卡	1.转向柱轴承损坏	更换轴承
	2.转向柱轴承润滑不足	向轴承内加注润滑脂
	3.转向传动轴伸缩节润滑不足	加注润滑脂
转向车轮摆振、转向盘发抖	1.转向传动万向节十字轴承松旷	检查、修理或更换
	2.转向盘自由间隙过小	调整转向盘自由间隙
	3.车轮动平衡不当	车轮做动平衡调整
	4.前轮定位角度失调	调整前轮定位角
	5.减振器失效	更换减振器
	6.长期超载或撞车车架变形	调整修理

转向系统故障诊断与排除(助力部分)　　表5-2-2

助力类型	故障现象	可能原因	排除方法
电动转向助力	无转向助力	1.蓄电池电压低	蓄电池充电或更换
		2.EPS控制器及电机接插件退针、接触不良	修复相关接插件
		3.EPS控制器常电电源熔断丝断路	更换EPS控制器常电熔断丝
		4.EPS控制器IG电源熔断丝断路	更换EPS控制器IG电源熔断丝
		5.线束短路或接地	维修线束

续上表

助力类型	故障现象	可能原因	排除方法
电动转向助力	无转向助力	6. EPS 相关传感器故障	更换相关传感器
		7. EPS 控制器故障	更换 EPS 控制器
		8. 转向助力电机故障	更换转向助力电机
	转向助力时有时无	1. 转向力矩传感器故障	更换转向力矩传感器
		2. EPS 控制器故障	更换 EPS 控制器
电气综合故障	电动转向器过热	转向至两端极限位置时间过长(超过5s)	避免转向至两端极限位置
	转动时有响声且电机过热起动后转速低	1. 电机绕组短路	更换或修理
		2. 电源电压降低	检查电源电压
	车辆在直行时总是偏向一侧	确认轮胎及机械部件正常时,扭矩传感器性能不良	更换转向电机控制器
	转向力不平顺	扭矩传感器性能不良	更换转向电机控制器
	绝缘电阻较低	电机绕阻脏污或受潮	清理电机、干燥绕阻

提示:故障原因、排除方法根据车型采用转向系统类型有区别。

2. 新能源汽车电动助力转向系统无助力故障诊断与排除流程

以转向无助力为例,介绍新能源汽车电动助力转向系统故障诊断与排除流程。

1)电动助力转向系统无助力的故障现象

点火开关打开时,组合仪表的电动助力转向系统故障警告灯点亮,并显示相关的提示信息,通常伴随着转向时转向盘沉重。

2)电动助力转向系统无助力的可能原因

新能源汽车电动助力转向系统转向无助力或故障警告灯点亮的故障可能原因如下。

(1) EPS 转向助力电机不良。
(2) EPS 控制器及线路故障。
(3) EPS 系统传感器及线路(低压)故障。
(4) EPS 转向助力电机及线路(高压)故障。
(5) ESP 系统机械连接部件故障。
(6) ESP 系统需要基本设定。

3) 电动转向系统无助力的故障诊断流程

新能源汽车电动助力转向系统无助力的故障诊断与排除流程,见表 5-2-3。

电动助力转向系统无助力的故障诊断与排除流程　　　表 5-2-3

步骤	检测及诊断操作	检查结果	是	否
1	检查转向系统高压、低压线束	是否有断路、脱落及其他损坏	更换或修复	下一步
2	检查转向系统相关的机械机构	是否有磨损、松旷及其他损坏	更换或修复	下一步
3	使用诊断仪器读取电动转向系统故障码及数据流	是否有相关故障码及异常数据	根据异常内容检修	重复以上步骤

技能操作

参照"知识学习"的内容,必要时参考《用户手册》《维修手册》或其他技术资料,执行以下技能操作。

1. 编制新能源汽车电动助力转向系统转向无助力故障诊断与排除方案

1) 接受工作任务,明确任务内容

(1) 从车间主管或班组长处接受车辆维修任务。
(2) 阅读维修工单,明确任务要求。
(3) 必要时与业务接待员、客户沟通,提前列出需要问诊的内容。
(4) 利用故障现象再现方法,确认故障现象。

2) 编制故障诊断与排除方案

(1) 查阅《维修手册》及其他维修技术资料,画出电动助力转向助力控制单元相关的电路图。大众 ID.4 纯电动汽车助力转向控制单元(EPS 控制器)的电路图,如图 5-2-1 所示。

大众 ID.4 纯电动汽车转向无助力故障诊断与排除

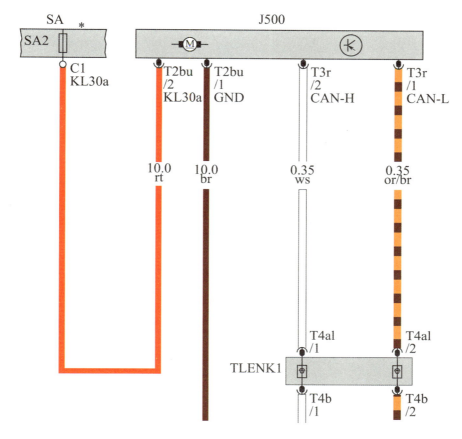

图 5-2-1　大众 ID.4 纯电动汽车助力转向控制单元电路图

SA-熔断丝架 A(前机舱);SA2-熔断丝架 A 上的熔断丝 2;J500-助力转向控制单元(带电机);TLENK1-转向系统接插件 1;GND-搭铁;KL30a-蓄电池电源;CAN-H-CAN 总线的 H(高电位)针脚;CAN-L-CAN 总线的 L(低电位)针脚;T2bu-2 芯插头连接;T3r-3 芯插头连接;T4al-4 芯插头连接 l;T4b-4 芯插头连接 b

提示:因车型及年款差异,电路图仅供参考,请参阅实际对应车型的电路图。

(2)根据故障现象,分析故障可能产生的原因及理由,编制新能源汽车电动助力转向系统转向无助力的故障诊断与排除方案,并画出故障诊断与排除流程图(参照表 5-2-3)。

(3)列出故障检修过程中需要注意的事项。

2. 实施新能源汽车电动助力转向系统转向无助力故障诊断与排除

1)对故障车辆进行诊断并排除故障

(1)验证故障现象。点火开关打开时,组合仪表的转向故障指示灯点亮,信息提示"转向助力器工作不正确。可以继续行驶。",试车时感觉转向沉重。大众 ID.4

纯电动汽车组合仪表上的助力转向系统故障指示灯及提示信息,如图 5-2-2 所示。

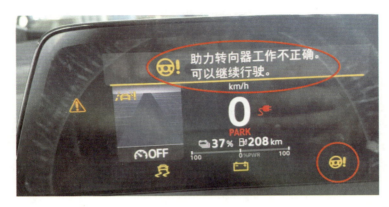

图 5-2-2　大众 ID.4 纯电动汽车助力转向系统故障指示灯及提示信息

(2)检查转向系统机械、电气部件。举升车辆,检查转向系统相关的机械、电气部件,如图 5-2-3、图 5-2-4 所示。

图 5-2-3　检查转向系统机械部件

图 5-2-4　检查转向系统电气部件

(3)使用诊断仪进行故障诊断。使用诊断仪读取电动助力转向系统故障码,内容为"转向角传感器,无初始化",如图 5-2-5 所示。

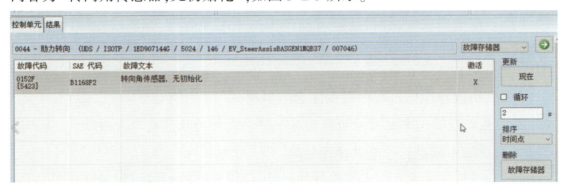

图 5-2-5　诊断仪读取电动助力转向系统故障码

（4）手动方式进行转向角传感器初始化。初始化程序如下。

起动车辆，将转向盘向左、向右打到底3次，然后回到中间位置。

如果组合仪表故障指示灯熄灭，提示信息消失，说明初始化成功。如果初始化不成功，在确认转向系统机械、电气部件正常的前提下，使用诊断仪器执行初始化程序。

（5）使用诊断仪器进行转向角传感器初始化。根据诊断仪提示进行转向角度传感器初始化，登录代码19249，如图5-2-6所示。

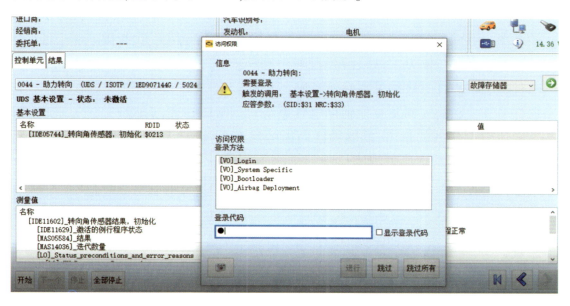

图5-2-6　诊断仪进行助力转向系统初始化

（6）确认故障排除。进行以上检修以后，打开点火开关，组合仪表中电动助力转向系统故障警告灯熄灭，提示信息消除。使用诊断仪清除故障码，试车后转向助力正常，故障排除。

2）进行质量检验，确认故障排除

（1）自检合格后，填写"维修作业记录表"（维修工单）并签字确认，交付班组长或质检员进行质量检验。

（2）在工作过程中遵循现场工作管理规范，完成"7S"管理规定。

项目六

新能源汽车电气系统故障诊断与排除

本项目介绍新能源汽车电气系统故障诊断与排除的方法,包含以下3个任务。
任务1　组合仪表不显示故障诊断与排除;
任务2　转向信号灯不亮故障诊断与排除;
任务3　安全气囊及其他辅助电气系统典型故障诊断与排除。
通过以上任务的学习,能够胜任新能源汽车的组合仪表、照明与信号系统以及其他辅助电气系统典型故障诊断与排除工作,并严格执行企业安全生产制度、环保管理制度和"7S"管理规定,具备独立分析与解决专业问题的能力。

 任务1　组合仪表不显示故障诊断与排除

📖 情境描述

一辆大众ID.4纯电动汽车,打开点火开关时,组合仪表不工作,没有任何显示(黑屏)。你的主管要求你分析故障原因,并排除故障,你能完成这个任务吗?

📖 任务目标

▶ **知识目标**

1. 能够描述新能源汽车组合仪表系统故障诊断与排除方法;
2. 能够描述新能源汽车组合仪表不显示故障诊断与排除流程。

▶ **技能目标**

1. 能够编制新能源汽车组合仪表不显示故障诊断与排除方案;
2. 能够实施新能源汽车组合仪表不显示故障诊断与排除。

素质目标

1. 塑造职业道德，弘扬中华传统美德，展示中国工匠可信的形象；
2. 培养良好的工作态度，以科学的态度对待科学；
3. 培养钻研新技术的习惯，不断提出真正解决问题的新理念新思路新办法。

知识学习

新能源汽车组合仪表系统的功能、结构原理与传统汽车基本一致，因此传统汽车组合仪表的故障诊断与排除方法同样适用于新能源汽车。

1. 新能源汽车组合仪表系统故障诊断与排除方法

1）组合仪表系统故障诊断与排除注意事项

新能源汽车组合仪表系统故障诊断与排除过程中需要注意的事项如下。

（1）组合仪表所有指示灯、警告灯均为发光二极管（LED），应轻拿轻放，严禁撞击、跌落。

（2）组合仪表信息显示区域为液晶显示屏（LCD），应轻拿轻放，严禁撞击、跌落。

（3）组合仪表为总成件，不得对其进行拆解维修。若有故障，更换组合仪表总成。

（4）组合仪表安装后应检查是否能正常显示。

（5）如果故障诊断与排除过程中涉及高压系统，务必严格遵守高压安全操作规范。

2）组合仪表系统典型的故障现象诊断与排除

组合仪表系统典型的故障现象诊断与排除方法，见表6-1-1，序号表示故障原因可能性排序，按照该顺序检查每个部件及线路，根据需要进行维修、更换损坏的部件或线路。

组合仪表系统故障诊断与排除　　　　表6-1-1

故障现象	可能原因	排除方法
整个组合仪表不显示（黑屏）	1. 组合仪表熔断丝断路	更换相同规格的熔断丝
	2. 电源、搭铁线路断路或短路	维修或更换线束
	3. 组合仪表损坏	更换组合仪表
组合仪表背景照明灯不亮	1. 组合仪表背光灯电路断路	维修或更换线束
	2. 组合仪表损坏	更换组合仪表

续上表

故障现象	可能原因	排除方法
部分指示灯或显示区域无信息显示或显示模糊	对应的指示灯或液晶屏损坏	更换组合仪表
部分系统显示错误信息	对应的车辆系统出现故障	检修车辆相应的系统
保养复位及其他系统无法设置	1. 操作程序不正确	重新设置调整
	2. 复位按钮损坏	更换组合仪表

2. 新能源汽车组合仪表不显示故障诊断与排除流程

以组合仪表不显示为例,介绍新能源汽车组合仪表系统故障诊断与排除流程。

1) 组合仪表不显示的故障现象

组合仪表不显示的故障现象表现为:点火开关处于任何挡位时,仪表没有任何显示信息,俗称"黑屏"。

2) 组合仪表不显示的可能原因

组合仪表不显示最常见的故障原因是低压蓄电池电压过低。如果蓄电池正常,应检查供电线路(包括熔断丝)及组合仪表本体。

(1) 低压蓄电池电压过低。

(2) 组合仪表电源熔断丝断路或接触不良。

(3) 组合仪表电源、搭铁线路断路或短路。

(4) 组合仪表损坏。

3) 组合仪表不显示的故障诊断流程

新能源汽车组合仪表不显示的故障诊断与排除流程见表6-1-2。

组合仪表不显示的故障诊断与排除流程　　表6-1-2

步骤	检测及诊断操作	诊断结果	是	否
1	检查低压蓄电池电压	是否正常	下一步	充电或更换蓄电池

续上表

步骤	检测及诊断操作	诊断结果	是	否
2	检查组合仪表熔断丝	是否正常	下一步	判断是否过载并更换
3	检查组合仪表电源、搭铁线路	是否正常	下一步	修复线路
4	诊断仪连接组合仪表控制单元	是否能通信	下一步	检查、更换组合仪表(控制单元)
5	诊断仪读取组合仪表控制单元故障码	是否有相关故障码	根据故障码内容检修后,清除故障码	检查、更换组合仪表(背光灯)

技能操作

参照"知识学习"的内容,必要时参考《用户手册》《维修手册》或其他技术资料,执行以下技能操作。

大众ID.4纯电动汽车组合仪表不工作故障诊断与排除

1. 编制新能源汽车组合仪表不显示故障诊断与排除方案

1)接受工作任务,明确任务内容

(1)从车间主管或班组长处接受车辆维修任务。

(2)阅读维修工单,明确任务要求。

(3)必要时与业务接待员、客户沟通,提前列出需要问诊的内容。

(4)利用故障现象再现方法,确认故障现象。

2)编制故障诊断与排除方案

(1)查阅《维修手册》及其他维修技术资料,画出组合仪表相关的电路图。大众ID.4纯电动汽车组合仪表称"驾驶员信息系统控制及显示单元"或"驾驶员显示屏显示单元",属于独立的控制单元(模块),通过CAN总线或硬线连接接收车辆各控制单元的信息,并显示出来。大众ID.4纯电动汽车组合仪表(驾驶员信息系统控制及显示单元)电源相关的电路图,如图6-1-1所示。

提示:因车型及年款差异,电路图仅供参考,请参阅实际对应车型的电路图。

(2)根据故障现象,分析故障可能产生的原因及理由,编制新能源汽车组合仪表不显示的故障诊断与排除方案,并画出故障诊断与排除流程图(参照表6-1-2)。

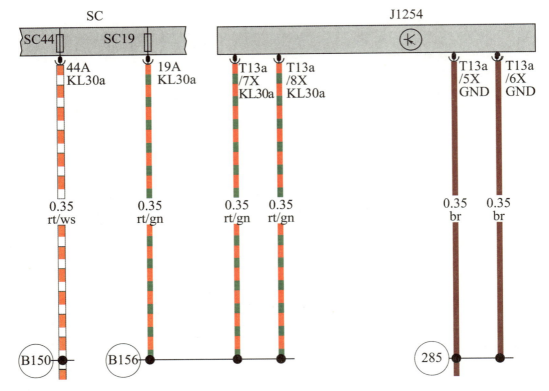

图 6-1-1　大众 ID.4 纯电动汽车组合仪表(驾驶员信息系统控制及显示单元)电源电路图
SC-熔断丝架 C;SC19-熔断丝架上的熔断丝 19;SC44-熔断丝架上的熔断丝 44;J1254-驾驶员信息系统控制及显示单元;GND-搭铁;KL30a-蓄电池电源;B150-正极连接 2(30a,在车内线束中);B156-正极连接 1(30a,在车内线束中);285-搭铁连接(在车内线束中);T13a-13 芯插头连接

(3)列出故障检修过程中需要注意的事项。

2. 实施新能源汽车组合仪表不显示故障诊断与排除

1)对故障车辆进行诊断并排除故障

(1)验证故障现象。打开点火开关,确定组合仪表不显示。大众 ID.4 纯电动汽车组合仪表正常显示的情况,如图 6-1-2 所示;组合仪表不显示的情况,如图 6-1-3 所示。

(2)检查低压(12V)蓄电池。

①拆卸蓄电池负极桩头,使用万用表检测蓄电池电压,应高于 12V,过低应充电或更换,如图 6-1-4 所示。

②连接蓄电池负极桩头,使用万用表检测蓄电池电压,应高于 13V,说明 DC/DC 变换器充电,否则应检修 DC/DC 变换器及线路,如图 6-1-5 所示。

图 6-1-2　大众 ID.4 纯电动汽车组合仪表正常显示

图 6-1-3　大众 ID.4 纯电动汽车组合仪表不显示

图 6-1-4　检测蓄电池电压(不充电时)

图 6-1-5　检测蓄电池电压(充电时)

(3)检查组合仪表熔断丝。

①大众 ID.4 纯电动汽车组合仪表熔断丝位于驾驶室左下方熔断丝座 C 内，19 号、44 号熔断丝，如图 6-1-6 所示。

②使用万用表检测组合仪表熔断丝的电源电压及通断，如图 6-1-7 所示，更换损坏的熔断丝。

图 6-1-6　大众 ID.4 纯电动汽车组合仪表熔断丝

图 6-1-7　组合仪表熔断丝检测

(4)组合仪表系统控制单元故障码读取和清除。

①使用诊断仪进入组合仪表系统(驾驶员显示屏显示单元)检测其是否能够

通信,如图 6-1-8 所示。如果能够通信,说明组合仪表控制单元正常。可用诊断仪读取组合仪表故障码,如有故障码,根据故障码内容检修。

图 6-1-8　大众 ID.4 纯电动汽车仪表控制单元(驾驶员显示屏显示单元)诊断仪器检测

②如果检测仪器不能与仪表控制单元通信,应检测组合仪表的电源及搭铁线路,如果正常,更换组合仪表总成。

(5)确认故障排除。进行以上检修以后,打开点火开关,组合仪表应能够正常显示各种信息,故障排除。

2)进行质量检验,确认故障排除

(1)自检合格后,填写"维修作业记录表"(维修工单)并签字确认,交付班组长或质检员进行质量检验。

(2)在工作过程中遵循现场工作管理规范,完成"7S"管理规定。

任务2　转向信号灯不亮故障诊断与排除

情境描述

一辆大众 ID.4 纯电动汽车,进行全车灯光检查时发现转向信号灯不亮。你的主管要求你分析故障原因,并排除故障,你能完成这个任务吗?

任务目标

▶ 知识目标

1.能够描述新能源汽车照明及信号系统故障诊断与排除方法;

2. 能够描述新能源汽车转向信号灯不亮故障诊断与排除流程。

▶ **技能目标**

1. 能够编制新能源汽车转向信号灯不亮故障诊断与排除方案；
2. 能够实施新能源汽车转向信号灯不亮故障诊断与排除。

▶ **素质目标**

1. 塑造职业道德，弘扬中华传统美德，展示中国工匠可信的形象；
2. 培养良好的工作态度，以科学的态度对待科学；
3. 培养钻研新技术的习惯，不断提出真正解决问题的新理念新思路新办法。

知识学习

新能源汽车照明及信号系统的功能、结构原理与传统汽车基本一致，因此传统汽车照明及信号系统的故障诊断与排除方法同样适用于新能源汽车。

汽车转向信号灯（含危险警告灯）的故障现象、可能原因与控制方式有关，转向信号灯有闪光器、闪光控制单元、车身控制单元几种控制类型。新能源汽车电子控制集成化程度高，通常采用车身控制单元或其他专门的控制单元控制照明及信号系统，例如，大众 ID.4 纯电动汽车照明及信号系统由车载电网控制单元控制。

1. 新能源汽车照明及信号系统故障诊断与排除方法

1）照明及信号系统故障诊断与排除注意事项

新能源汽车照明及信号系统故障诊断与排除过程中需要注意的事项如下。

（1）被油液弄脏表面的卤素灯泡，会缩短灯泡的工作寿命。

（2）由于卤素灯泡内部的压力很高，操作应防止灯泡掉落后爆炸，玻璃碎片飞溅起来伤到人。

（3）更换灯泡时切勿用手直接接触灯泡表面。

（4）更换灯泡时，使用相同功率的灯泡。

（5）安装灯泡时注意安装灯泡密封盖，否则组合灯具进入水分后，玻璃会模糊或有水蒸气。

（6）如果故障诊断与排除过程中涉及高压系统，务必严格遵守高压安全操作规范。

2）照明及信号系统典型的故障现象诊断与排除

照明及信号系统典型的故障现象诊断与排除方法，见表 6-2-1，序号表示故障原因可能性排序，按照该顺序检查每个部件及线路，根据需要进行维修、更换损坏的部件或线路。

照明及信号系统故障诊断与排除　　　　表 6-2-1

故障现象	可能原因	排除方法
灯泡不亮	1. 灯泡损坏	更换灯泡
	2. 熔断丝熔断	检查相关线路及用电设备确认正常后更换熔断丝
	3. 继电器损坏	更换继电器
	4. 相关线路短路或断路	维修或更换相关线束
	5. 线路接插件接触不良	维修接插件或更换线束
	6. 灯光开关损坏	检查相关线路及用电设备确认正常后更换相应灯光开关
	7. 灯光控制单元损坏	检查相关线路，确认正常后更换相应灯光控制单元
灯泡常亮	1. 继电器损坏	更换继电器
	2. 相关线路短路	维修或更换相关线束
	3. 灯光开关损坏	检查相关线路及用电设备确认正常后更换相应灯光开关
	4. 灯光控制单元损坏	检查相关线路，确认正常后更换相应灯光控制单元
灯泡亮度过高/过低/闪烁	1. 灯泡功率与原车不匹配	更换与原车匹配灯泡
	2. 蓄电池电压过低	蓄电池充电或更换蓄电池
	3. 相关搭铁接触不良	维修相关搭铁或更换线束
操作某灯光，但不相关灯光或用电设备工作	1. 相关线路短路	修理或更换相关线束
	2. 线路接插件接触不良	维修接插件或更换线束
	3. 灯光开关损坏	检查相关线路及用电设备确认正常后更换相应灯光开关
	4. 相关搭铁接触不良	维修相关搭铁或更换线束

2. 新能源汽车转向信号灯不亮故障诊断与排除流程

以转向信号灯不亮为例，介绍新能源汽车照明及信号系统故障诊断与排除流程。

1)转向信号灯不亮的故障现象

转向信号灯不亮(异常)的故障现象表现为：信号灯开关开启后，所有转向信号灯不亮或单个转向信号灯不亮，并且同侧转向信号灯快速闪烁。

2)转向信号灯不亮的可能原因

转向信号灯不亮最常见的故障原因是灯泡烧坏。如果灯泡正常，应检查线路(包括熔断丝、继电器、开关)及控制单元(根据车型装备)。

（1）转向信号灯灯泡、灯座、接插件损坏或接触不良。

（2）转向信号灯电源熔断丝断路或接触不良。

（3）转向信号灯控制线路断路或搭铁线不良。

（4）转向信号灯开关不良。

（5）信号灯控制电气部件，如闪光继电器、闪光控制单元、车身控制单元不良(根据车型装备)。

3)转向信号灯不亮的故障诊断流程

新能源汽车转向信号灯不亮的故障诊断与排除流程见表6-2-2。

转向信号灯不亮的故障诊断与排除流程　　表6-2-2

步骤	检测及诊断操作	诊断结果	是	否
1	检查灯泡、灯座、接插件	是否正常	下一步	更换或修复
2	检查电源熔断丝、继电器(根据车型装备)	是否正常	下一步	判断是否过载并更换
3	使用万用表检测转向信号灯电源及控制线路	是否正常	下一步	修复线路
4	使用诊断仪读取转向信号灯相关的故障码、数据流、动作测试(根据车型及设备条件)	是否正常	重复以上步骤	根据异常内容检修，修复线路或更换部件

大众 ID.4 纯电动
汽车转向灯不亮
故障诊断与排除

技能操作

参照"知识学习"的内容,必要时参考《用户手册》《维修手册》或其他技术资料,执行以下技能操作。

1. 编制新能源汽车转向信号灯不亮故障诊断与排除方案

1）接受工作任务,明确任务内容

（1）从车间主管或班组长处接受车辆维修任务。

（2）阅读维修工单,明确任务要求。

（3）必要时与业务接待员、客户沟通,提前列出需要问诊的内容。

（4）利用故障现象再现方法,确认故障现象。

2）编制故障诊断与排除方案

（1）查阅《维修手册》及其他维修技术资料,画出转向信号灯相关的电路图。大众 ID.4 纯电动汽车包含左前转向信号灯（M5）在内的左前大灯总成（MX1）电路图,如图 6-2-1 所示;大众 ID.4 纯电动汽车包含左后转向信号灯（M6）在内的左侧尾灯总成（MX3）电路图,如图 6-2-2 所示;大众 ID.4 纯电动汽车包含转向信号灯开关（E2）在内的转向柱电子装置控制单元（J527）电路图,如图 6-2-3 所示。

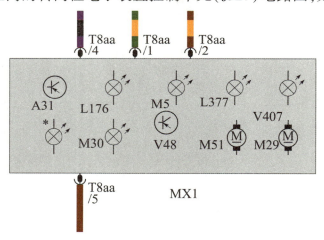

图 6-2-1　大众 ID.4 纯电动汽车左前大灯总成（MX1）电路图

MX1-左前大灯；A31-左侧 LED 大灯模块化电源；L176-日间行车灯和驻车示宽灯左侧 LED 模块；M5-左前转向信号灯灯泡；L377-日间行车灯左侧 LED 模块；M30-左侧远光灯灯泡；V48-左侧大灯照明距离调节伺服电机；M51-左侧静态弯道灯；M29-左侧近光灯灯泡；V407-左侧大灯风扇；T8aa-8 芯插头连接

提示：因车型及年款差异,电路图仅供参考,请参阅实际对应车型的电路图。

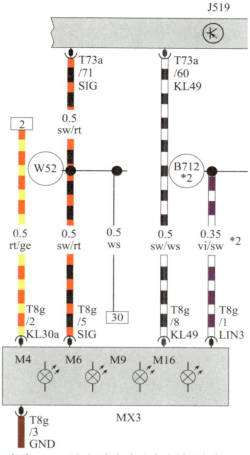

图 6-2-2　大众 ID.4 纯电动汽车左侧尾灯总成（MX3）电路图

J519-车载电网控制单元；MX3-左侧尾灯；M4-左侧尾灯灯泡；M6-左后转向信号灯灯泡；M9-左侧制动信号灯灯泡；M16-左侧倒车信号灯灯泡；KL30a-蓄电池电源；KL49-电源；SIG-信号；GND-搭铁；LIN-LIN 总线；W52-正极连接；B712-连接 LIN 总线；T73a-73 芯插头连接；T8g-8 芯插头连接

（2）根据故障现象，分析故障可能产生的原因及理由，编制新能源汽车转向信号灯不亮的故障诊断与排除方案，并画出故障诊断与排除流程图（参照表6-2-2）。

（3）列出故障检修过程中需要注意的事项。

2．实施新能源汽车转向信号灯不亮故障诊断与排除

1）对故障车辆进行诊断并排除故障

（1）验证故障现象。打开转向信号灯开关，确认是所有转向信号灯不亮，还是单个转向信号灯不亮。左前灯光总成的位置如图 6-2-4 所示，组合仪表内灯光系统故障的警告灯如图 6-2-5 所示。

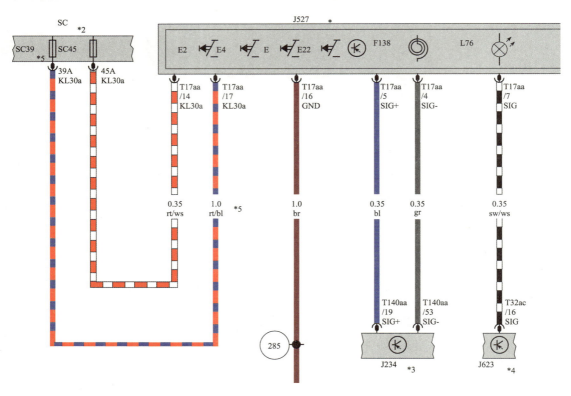

图 6-2-3　大众 ID.4 纯电动汽车转向柱电子装置控制单元(J527)电路图

SC-熔断丝架 C；SC39-熔断丝架上的熔断丝 39；SC45-熔断丝架上的熔断丝 45；J527-转向柱电子装置控制单元；E2-转向信号灯开关；E4-手动远光灯功能和远光灯瞬时接通功能开关；E-前窗玻璃刮水器开关；E22-间歇式刮水器运行开关；F138-安全气囊卷簧；L76-按钮照明灯泡；J234-安全气囊控制单元；J623-发动机控制单元；KL30a-蓄电池电源；SIG-信号；SIG +-信号正极；SIG --信号负极；GND-搭铁；T17aa-17 芯插头连接；T140aa-140 芯插头连接；T32ac-32 芯插头连接；285-搭铁连接位置(在车内线束中)

图 6-2-4　左前灯光总成位置图

图 6-2-5　灯光系统故障的警告灯

(2)检查转向信号灯熔断丝。

①如果转向信号灯全部不亮,故障原因最可能是转向信号灯电源及线路不

良。大众ID.4纯电动汽车位于驾驶室左下方熔断丝座C内的转向信号灯熔断丝,如图6-2-6所示。

②用万用表检测转向信号灯熔断丝的电源电压及通断,更换损坏的熔断丝,如图6-2-7所示。

图6-2-6　大众ID.4纯电动汽车转向信号灯熔断丝

图6-2-7　转向信号灯熔断丝检测

(3)检查转向信号灯灯泡和接插件。

①如果只有1个转向信号灯不亮,并且同侧转向信号灯闪烁频率增加,故障原因最可能是对应的灯泡或接插件不良。大众ID.4纯电动汽车左前灯光总成接插件,如图6-2-8所示。

②检查转向信号灯(组合灯具总成)插接件,修复接触不良的插接件,如图6-2-9所示。

图6-2-8　大众ID.4纯电动汽车左前灯光总成接插件

图6-2-9　检查转向信号灯插接件

提示:大众ID.4纯电动汽车使用LED组合灯具总成,灯光故障时更换总成。

(4)检查转向信号灯组合开关。转向信号灯组合开关故障,会造成所有转向

图 6-2-10 大众 ID.4 纯电动汽车转向信号灯组合开关

信号灯不亮或单侧转向信号灯无法控制。可以使用故障诊断仪器检测转向信号灯开关的数据流，或用万用表检测线路。大众 ID.4 纯电动汽车转向信号灯组合开关，如图 6-2-10 所示。

（5）灯光控制单元故障码读取和清除。对于灯光控制单元造成的故障，可以使用故障诊断仪器进行故障码和数据流（测量值）等进行检测，如图 6-2-11 所示。

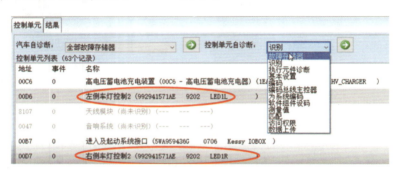

图 6-2-11 大众 ID.4 纯电动汽车灯光控制单元诊断仪器检测

（6）确认故障排除。进行以上检修以后，打开转向信号灯开关，检查转向信号灯是否正常闪烁。

2）进行质量检验，确认故障排除

（1）自检合格后，填写"维修作业记录表"（维修工单）并签字确认，交付班组长或质检员进行质量检验。

（2）在工作过程中遵循现场工作管理规范，完成"7S"管理规定。

任务3　安全气囊及其他辅助电气系统典型故障诊断与排除

📖 情境描述

一辆大众 ID.4 纯电动汽车，打开点火开关时，组合仪表中安全气囊故障警告灯点亮，低速行驶警报器鸣叫。你的主管要求你分析故障原因，并排除故障，你能完成这个任务吗?

📖 任务目标

▶▶ **知识目标**

1. 能够描述新能源汽车辅助电气系统典型故障诊断与排除方法;
2. 能够描述新能源汽车安全气囊故障警告灯亮故障诊断与排除流程。

▶▶ **技能目标**

1. 能够编制新能源汽车安全气囊故障警告灯亮故障诊断与排除方案;
2. 能够实施新能源汽车安全气囊故障警告灯亮故障诊断与排除。

▶▶ **素质目标**

1. 塑造职业道德,弘扬中华传统美德,展示中国工匠可信的形象;
2. 培养良好的工作态度,以科学的态度对待科学;
3. 培养钻研新技术的习惯,不断提出真正解决问题的新理念新思路新办法。

👥 知识学习

新能源汽车辅助(低压)电气系统包括点火开关、电动车窗系统、防盗及中控门锁控制系统、安全气囊系统、刮水器及洗涤器系统、音频系统等。新能源汽车辅助电气系统的功能、结构原理与传统汽车基本一致,因此除了注意高压安全外,传统汽车辅助电气系统的故障诊断与排除方法同样适用新能源汽车。

1. 新能源汽车辅助电气系统典型故障诊断与排除方法

1)辅助电气系统故障诊断与排除注意事项

新能源汽车辅助电气系统故障诊断与排除过程中需要注意的事项如下。

(1)在拆卸或安装任何电气部件前,以及在工具或设备容易接触到裸露的电气针脚时,务必先断开蓄电池负极电缆,可防止人或车辆受损。

(2)安全气囊系统检修时,即使是当碰撞发生时没有使用的安全带,也应该仔细检查,若发现破损、损坏或工作不正常,务必更换新的部件。

(3)当断开蓄电池负极电缆时,存储的用户信息会被清除,例如多媒体播放器里的信息,部分系统需要重新初始化,例如电动车窗。

(4)辅助电气系统部件安装后应检查是否能正常工作。

(5)如果故障诊断与排除过程中涉及高压系统,务必严格遵守高压安全操作规范。

2）辅助电气系统典型的故障现象诊断与排除

（1）点火开关典型的故障现象诊断与排除。点火开关（电源开关）典型的故障现象诊断与排除方法，见表6-3-1，序号表示故障原因可能性排序，按照该顺序检查每个部件及线路，根据需要进行维修、更换损坏的部件或线路。

点火开关（电源开关）故障诊断与排除　　　　　　　　　　　表6-3-1

故障现象	可能原因	排除方法
点火开关点火不良	1. 点火开关供电电源未能供电	检查点火开关线路，确认能供电
	2. 点火开关本体损坏	更换点火开关本体
点火开关不能回位	点火开关本体损坏	更换点火开关本体
转向盘不能锁止	点火开关本体锁止部位损坏	更换点火开关本体

（2）电动车窗系统典型的故障现象诊断与排除。电动车窗系统典型的故障现象诊断与排除方法，见表6-3-2，按照故障可能原因可能性的排序检查每个部件及线路，根据需要进行维修、更换损坏的部件或线路。

电动车窗系统故障诊断与排除　　　　　　　　　　　表6-3-2

故障现象	可能原因	排除方法
所有电动车窗均不工作或工作不良	1. 电动车窗熔断丝熔断	更换相同规格熔断丝
	2. 相关线束断路或短路	维修或更换相关线束
	3. 电动车窗继电器损坏	更换继电器
	4. 电动车窗开关损坏	维修或更换电动车窗开关
	5. 电动车窗电机损坏	更换电动车窗电机
	6. 电动车窗控制单元未初始化设定或损坏	初始化设定或更换控制单元
一侧或单个车窗不工作或工作不良	1. 相关线束接触不良	维修或更换相关线束
	2. 电动车窗开关损坏	维修或更换电动车窗开关
	3. 电动车窗电机损坏	更换电动车窗电机
	4. 电动车窗控制单元未初始化设定或损坏	初始化设定或更换控制单元

(3)防盗及中控门锁控制系统典型的故障现象诊断与排除。防盗及中控门锁控制系统典型的故障现象诊断与排除方法,见表6-3-3,序号表示故障原因可能性排序,按照该顺序检查每个部件及线路,根据需要进行维修、更换损坏的部件或线路。

防盗及中控门锁控制系统故障诊断与排除　　　　　表6-3-3

故障现象	可能原因	排除方法
防盗系统失效	1. 防盗钥匙损坏或未匹配	更换或匹配钥匙
	2. 相关线束断路或短路	维修或更换相关线束
	3. 防盗系统相关的控制单元损坏或未匹配	更换或匹配控制单元
	4. 无线电或磁场干扰	更换地点测试
中控门锁失效	1. 中控门锁熔断丝熔断	更换相同规格熔断丝
	2. 相关线束断路或短路	维修或更换相关线束
	3. 中控门锁继电器损坏	更换继电器
	4. 中控门锁主开关损坏	维修或更换中控门锁主开关
仅一个车门中控锁失效	1. 相关线束接触不良	维修或更换相关线束
	2. 相关门锁开关损坏	维修或更换门锁开关
	3. 相关门锁损坏	维修或更换门锁

(4)安全气囊系统典型的故障现象诊断与排除。安全气囊系统典型的故障现象诊断与排除方法,见表6-3-4,序号表示故障原因可能性排序,按照该顺序检查每个部件及线路,根据需要进行维修、更换损坏的部件或线路。

安全气囊系统故障诊断与排除　　　　　表6-3-4

故障现象	可能原因	排除方法
安全带故障警告灯不亮	1. 熔断丝熔断	更换相同规格熔断丝
	2. 锁扣总成损坏	更换锁扣总成
	3. 线束断路或短路	检修相关故障线束
	4. 组合仪表内部线路损坏	更换组合仪表
安全带故障警告灯常亮	1. 安全带预紧插头未插	检修安全带预紧器插头
	2. 安全带预紧器故障	检修安全带预紧器

续上表

故障现象	可能原因	排除方法
安全气囊故障警告灯常亮	1. 安全气囊控制单元存储故障码	诊断仪诊断并根据结果检修
	2. 安全气囊控制单元损坏	更换控制单元
安全气囊故障警告灯不亮	组合仪表内部线路损坏	更换组合仪表

(5) 刮水器及洗涤器系统典型的故障现象诊断与排除表。刮水器及洗涤器系统典型的故障现象诊断与排除方法,见表6-3-5,序号表示故障原因可能性的排序,按照该顺序检查每个部件及线路,根据需要进行维修、更换损坏的部件或线路。

刮水器及洗涤器系统故障诊断与排除　　　　表6-3-5

故障现象	可能原因	排除方法
闭合开关,刮水器不工作	1. 刮水电机/洗涤电机熔断丝断路	更换相同规格熔断丝
	2. 相关线束断路或短路	维修或更换相关线束
	3. 刮水器及洗涤器系统继电器损坏	更换继电器
	4. 组合开关损坏	维修或更换组合开关
	5. 刮水电机损坏	更换刮水电机
	6. 控制单元损坏	更换控制单元
刮水器动作迟缓	1. 蓄电池电压过低	蓄电池充电或更换
	2. 相关线束接触不良	维修或更换相关线束
	3. 电机轴承和减速器齿轮润滑不良	加注润滑油
	4. 刮水电机损坏	更换刮水电机
洗涤电机不工作	1. 组合开关损坏	维修或更换组合开关
	2. 洗涤电机继电器损坏	更换洗涤继电器
	3. 洗涤电机损坏	维修或更换洗涤电机
	4. 相关线束断路或短路	维修或更换相关线束

续上表

故障现象	可能原因	排除方法
洗涤液无法喷出	1. 洗涤液不足	补充洗涤液
	2. 洗涤软管损坏	更换洗涤软管
	3. 洗涤喷嘴堵塞	更换洗涤喷嘴
	4. 组合开关损坏	维修或更换组合开关
	5. 洗涤电机损坏	更换洗涤电机
刮水工作时异响大	1. 刮水器蜗杆生锈或润滑油不足	蜗杆除锈、涂抹润滑油
	2. 刮水器臂变形或磨损	更换刮水器臂
	3. 更换的刮水器连杆机构不匹配	重新更换刮水器连杆机构
	4. 刮水片橡胶老化或龟裂	更换刮水片
	5. 刮水器连杆机构未固定到位	紧固刮水器连杆机构
刮水效果差（刮水不干净或抖动）	1. 风窗玻璃有油渍或车蜡	清洗风窗玻璃
	2. 洗涤液质量不好	更换洗涤液
	3. 刮水片型号不正确	更换刮水片或刮水器臂总成
	4. 刮水片橡胶老化或龟裂	
	5. 刮水臂变形或损坏	
	6. 刮水臂弹簧弹力下降	

（6）音频系统典型的故障现象诊断与排除表。音频系统典型的故障现象诊断与排除方法，见表6-3-6，序号表示故障原因可能性的排序，按照该顺序检查每个部件及线路，根据需要进行维修、更换损坏的部件或线路。

音频系统故障诊断与排除　　　　　　　　　表6-3-6

故障现象	可能原因	排除方法
音响主机总成不工作	1. 多媒体播放器熔断丝熔断	更换相同规格的熔断丝
	2. 多媒体播放器电源、接地电路断路或短路	维修或更换线束
	3. 多媒体播放器损坏	更换多媒体播放器
扬声器无声音	1. 扬声器线束、接插件断路或短路	维修或更换线束

续上表

故障现象	可能原因	排除方法
扬声器无声音	2.多媒体播放器损坏	更换多媒体播放器
	3.扬声器损坏	维修或更换扬声器
无法接收AM/FM广播信号或接收不良	1.天线变形或损坏	维修或更换天线
	2.电磁干扰	更换地点测试播放器
	3.多媒体播放器损坏	更换多媒体播放器

2. 新能源汽车安全气囊故障警告灯亮故障诊断与排除流程

以安全气囊故障警告灯亮为例,介绍新能源汽车辅助电气系统故障诊断与排除流程。

1)安全气囊故障警告灯亮的故障现象

安全气囊属于重要的安全系统,涉及人身安全,故障现象表现为:打开点火开关,组合仪表安全气囊故障警告灯点亮,有的车型(大众ID.4纯电动汽车)伴随着低速行驶警报喇叭鸣叫。

2)安全气囊故障警告灯亮的可能原因

打开点火开关,组合仪表中安全气囊故障警告灯应自检,点亮几秒后熄灭。如果安全气囊或安全带故障警告灯在系统自检以后仍然点亮,原因如下。

(1)安全气囊控制单元存储了故障码。

(2)安全气囊控制单元及线路不良。

(3)安全气囊故障警告灯线路不良。

3)安全气囊故障警告灯亮的故障诊断流程

新能源汽车安全气囊故障警告灯亮的故障诊断流程,见表6-3-7。

安全气囊故障警告灯亮的故障诊断与排除流程　　　　表6-3-7

步骤	检测及诊断操作	诊断结果	是	否
1	打开点火开关,检查安全气囊故障警告灯自检情况	是否正常	下一步	检查、更换组合仪表
2	使用诊断仪连接安全气囊控制单元	是否能通信	下一步	检查、更换安全气囊控制单元及修复线路

续上表

步骤	检测及诊断操作	诊断结果	是	否
3	诊断仪读取安全气囊控制单元故障码	是否有相关故障码	根据内容检修后,清除故障码	检查、更换组合仪表

技能操作

参照"知识学习"的内容,必要时参考《用户手册》《维修手册》或其他技术资料,执行以下技能操作。

1. 编制新能源汽车安全气囊故障警告灯亮故障诊断与排除方案

1)接受工作任务,明确任务内容

(1)从车间主管或班组长处接受车辆维修任务。

(2)阅读维修工单,明确任务要求。

(3)必要时与业务接待员、客户沟通,提前列出需要问诊的内容。

大众 ID.4 纯电动汽车安全气囊故障指示灯点亮故障诊断与排除

(4)利用故障现象再现方法,确认故障现象。

2)编制故障诊断与排除方案

(1)查阅《维修手册》及其他维修技术资料,画出安全气囊相关的电路图。大众 ID.4 纯电动汽车安全气囊控制单元电源相关的电路图,如图 6-3-1 所示;大众 ID.4 纯电动汽车安全气囊系统碰撞传感器、引爆装置相关的电路图(部分),如图 6-3-2 所示。

提示:因车型及年款差异,电路图仅供参考,请参阅实际对应车型的电路图。

(2)根据故障现象,分析故障可能产生的原因及理由,编制新能源汽车安全气囊故障警告灯亮的故障诊断与排除方案,并画出故障诊断与排除流程图(参照表 6-3-7)。

(3)列出故障检修过程中需要注意的事项。

2. 实施新能源汽车安全气囊故障警告灯亮故障诊断与排除

1)对故障车辆进行诊断并排除故障

(1)验证故障现象。打开点火开关,确认组合仪表中安全气囊故障警告灯点亮,低速行驶警报喇叭鸣叫。大众 ID.4 纯电动汽车组合仪表中安全气囊故障警告灯点亮及低速行驶警报喇叭鸣叫的情形,如图 6-3-3 所示。

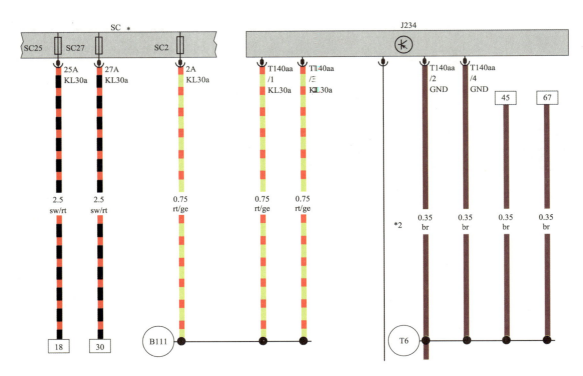

图 6-3-1　大众 ID.4 纯电动汽车安全气囊控制单元电源电路图

SC-熔断丝架 C；SC2-熔断丝架上的熔断丝 2；SC25-熔断丝架上的熔断丝 25；SC27-熔断丝架上的熔断丝 27；J234-安全气囊控制单元；KL30a-蓄电池电源；GND-搭铁；T140aa-140 芯插头连接；B111-正极连接 1（30a，在车内线束中）；T6-线束连接（在侧面安全气囊线束中）

（2）使用诊断仪读取安全气囊控制单元故障码。读取到安全气囊控制单元记忆故障码"B1008A 副驾驶员侧后部安全带拉紧器引爆装置，电阻过小"，如图 6-3-4 所示。

（3）检查故障码相关的部件及线路。检查并修复大众 ID.4 纯电动汽车副驾驶员侧后部安全带拉紧器引爆装置接触不良的接插件，如图 6-3-5 所示。

（4）使用诊断仪器清除安全气囊控制单元故障码。使用诊断仪进入清除安全气囊控制单元故障码，如图 6-3-6 所示。

（5）确认故障排除。进行以上检修以后，打开点火开关，检查组合仪表中安全气囊故障警告灯熄灭，低速行驶警报喇叭不再鸣叫。

2）进行质量检验，确认故障排除

（1）自检合格后，填写"维修作业记录表"（维修工单）并签字确认，交付班组长或质检员进行质量检验。

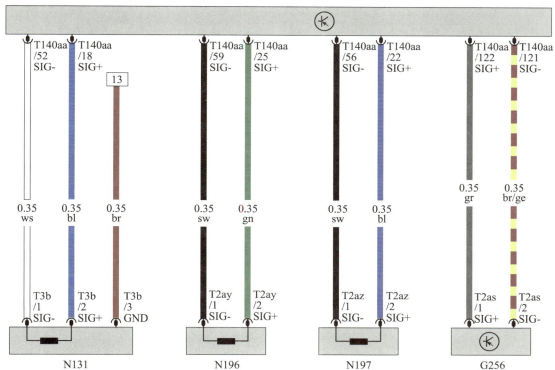

图 6-3-2　大众 ID.4 纯电动汽车安全气囊系统碰撞传感器、引爆装置电路图（部分）

J234-安全气囊控制单元；N131-副驾驶员侧安全气囊引爆装置 1；N196-驾驶员侧后部安全带拉紧器引爆装置；N197-副驾驶员侧后部安全带拉紧器引爆装置；G256-驾驶员侧后部侧面安全气囊碰撞传感器；SIG+-信号正极，SIG--信号负极；GND-搭铁；T140aa-140 芯插头连接；T3b-3 芯插头连接；T2ay-2 芯插头连接 y；T2az-2 芯插头连接 z；T2as-2 芯插头连接 s

图 6-3-3　大众 ID.4 纯电动汽车组合仪表中安全气囊故障警告灯

图 6-3-4　诊断仪器读取安全气囊故障码

图 6-3-5　大众 ID.4 纯电动汽车副驾驶侧后面安全带拉紧器引爆装置接插件

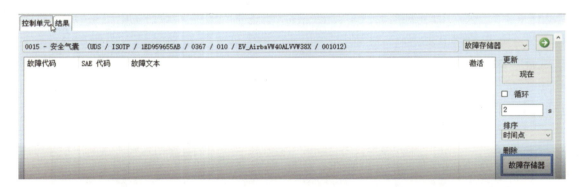

图 6-3-6　诊断仪器清除安全气囊控制单元故障码

（2）在工作过程中遵循现场工作管理规范，完成"7S"管理规定。

项目七

新能源汽车综合性能检测与评估

本项目介绍新能源汽车综合性能检测与评估,包含以下 3 个任务。

任务 1　新能源汽车动力蓄电池性能检测与评估;
任务 2　新能源汽车安全性能检测与评估;
任务 3　新能源汽车底盘大修维修质量检测与评估。

通过以上任务的学习,能够胜任新能源汽车的综合性能检测与评估工作,并严格执行行业安全生产制度、环保管理制度和"7S"管理规定,具备解决复杂性、关键性和创造性问题的能力。

任务 1　新能源汽车动力蓄电池性能检测与评估

情境描述

一辆大众 ID.4 纯电动汽车进厂维修,客户反映车辆已使用两年,最近发现汽车续驶里程不足。经车间主管检查判断为动力蓄电池的正常衰减,要对动力蓄电池性能进行检测与评估。你能够完成这个任务吗?

任务目标

▶ 知识目标

1. 能够描述新能源汽车动力蓄电池检测制度与标准的查阅方法;
2. 能够描述新能源汽车动力蓄电池性能检测与评估方法。

▶ 技能目标

1. 能够与客户和车间主管进行有效沟通,获取前期维修的相关信息,明确汽车综合性能检测项目内容及要求;

2. 能够根据检测项目及车型,按照机动车运行安全技术条件、新能源汽车维修技术相关标准等要求,制定检测方案;

3. 能够根据检测方案,运用各种检测设备及工具,实施动力蓄电池性能检测与评估,填写检测结果及整改建议;

4. 能够撰写动力蓄电池维修质量分析或检测工作总结报告,对检测方式、方法进行培训与研讨;

5. 能够展示综合性能检测的技术要点,总结工作经验,分析不足,提出改进措施。

▶ 素质目标

1. 塑造职业道德,弘扬中华传统美德,展示中国工匠可信的形象;
2. 培养良好的工作态度,以科学的态度对待科学;
3. 培养钻研新技术的习惯,不断提出真正解决问题的新理念新思路新办法。

知识学习

在进行新能源汽车动力蓄电池性能检测与评估之前,应学会查阅新能源汽车动力蓄电池相关的检测制度与标准,并具备动力蓄电池性能参数、结构原理与检测相关的知识和能力。

1. 新能源汽车动力蓄电池检测制度与标准

1) 新能源汽车相关政策、法规和管理制度

国家政策对加快新能源汽车的发展起着至关重要的作用。各国政府相继发布新能源汽车发展战略和国家计划,加大政策支持力度,增加研发投入,全力推进新能源汽车产业化。

针对新能源汽车产业的发展,我国政府也相继出台一系列政策、法规和管理制度,并且根据发展状况不断更新和调整。政府出台的政策引导和资金投入,推进了汽车生产企业加大对新能源汽车研发的力度。同时,有关部门加大示范运行范围和力度,为新能源汽车规模化、产业化发展做准备。相关内容可以通过互联网查询各部委的网站及其他信息平台。

2) 新能源汽车相关技术标准

(1) 新能源汽车相关标准查询平台。新能源汽车相关的国家标准、行业标准、地方标准、团体标准及其他标准,可以通过"全国标准信息公共服务平台"查询,如图 7-1-1 所示。

(2) 动力蓄电池检测与评估相关的标准。现行的动力蓄电池检测与评估部分标准主要有:《电动汽车用动力蓄电池循环寿命要求及试验方法》(GB/T 31484—

2015)、《电动汽车用动力蓄电池安全要求及试验方法》(GB/T 31485—2015)、《电动汽车用动力蓄电池电性能要求及试验方法》(GB/T 31486—2015)。

图 7-1-1　全国标准信息公共服务平台

(3) 动力蓄电池维护、检测、诊断技术相关的标准。动力蓄电池维护、检测、诊断技术相关的标准参照交通运输部发布的行业标准《纯电动汽车维护、检测、诊断技术规范》(JT/T 1344—2020)。具体内容请查阅相关的标准。

2. 动力蓄电池性能检测与评估方法

动力蓄电池常用的性能检测与评估包括气密性、绝缘性、电池容量等。

1) 动力蓄电池气密性检测与评估

为了车辆的安全,动力蓄电池制造商在设计电池组时,会根据车辆的使用环境采取相应的保护措施,尽可能消除安全风险,对电池组的气密性也至关重要,直接影响车辆的安全。

在动力蓄电池组的研发技术方面,动力蓄电池组的强度、刚度、散热、防水、绝缘等设计要求较高,因此动力蓄电池组的设计与动力蓄电池组的气密性测试密切相关。每个电池在出厂前必须确保气密性合格。如果在气密性测试中发生泄漏,长期使用不仅降低电池电量,而且空气湿度的渗透也会破坏泄漏的电池单元。其结果可能是灾难性的,对车辆和人身安全造成了很大的隐患。

根据相关的标准,动力蓄电池防护等级为 IP67。一般来说,动力蓄电池在出厂前会使用气密性检测仪进行 IP67 防护等级的密封测试。但是,动力蓄电池在使用过程中,特别是经过拆卸后,气密性可能会达不到相应的防护等级标准。雨天驾驶车辆通常没有问题,但如果遇到大雨或大水,动力蓄电池组很可能会进水,从而引起动力蓄电池组的故障。

动力蓄电池气密性检测仪采用压降法,一般通过电池组上的呼吸阀,直接充气呼吸阀孔,无须制作工装夹具。电池组的尺寸不同,测试时间也不同。通常电池组的体积相对较大,测试时间从几分钟到十几分钟不等。

动力蓄电池气密测试一般由四个步骤组成:充气、平衡、测量、排气。

(1)充气:对被测部件充入试验压力的压缩空气。充气阶段的时间由测试容积和测试压力的大小来调整。

(2)平衡:测试部件中的压力和温度达到平衡,平衡阶段所需的测试时间与测试容积、测试压力、部件的热性能有关。

(3)测量:在一定时间内,测量试验容积内检验其他的泄漏率。

泄漏率指单位时间内的压降,比如 0.2Pa/s,也可以定义为流量,比如 $4cm^2/min$。除了规定允许泄漏的空气容积参数外,还应该规定空气泄出时的压力。

(4)排气:在排气阶段,为测量部件提供大气排气。

气密性检测仪如图 7-1-2 所示,检测时应根据仪器的操作说明书操作。

2)动力蓄电池绝缘性检测与评估

新能源汽车在运行过程中难免会出现部件间的相互碰撞、摩擦、挤压,导致高压电路与车辆底盘之间的绝缘性能下降,电源正负极引线将通过绝缘层和底盘构成漏电流回路。当高压电路和底盘之间发生多点绝缘性能下降时,还会导致漏电回路的热积累效应,可能造成车辆的电气火灾。

新能源汽车检测与维修中,对高压电气系统的绝缘性能检测时需要使用专用的绝缘电阻测试仪器,测量高压电缆及高压部件对车身绝缘电阻是否位于规定值范围内。

绝缘电阻测试方法如图 7-1-3 所示。

图 7-1-2　气密性检测仪

图 7-1-3　绝缘电阻测试方法

根据国家相关标准,动力蓄电池绝缘电阻值要求大于 100Ω/V,假设绝缘测试仪输入测试电压为 500V(DC),检测的绝缘电阻应该不小于"500V × 100Ω/V = 50000Ω"。

3) 动力蓄电池容量检测与评估

动力蓄电池存储电能多少可以用容量和能量来衡量动力蓄电池参数标签,同时标明了容量和能量,如图 7-1-4 所示。

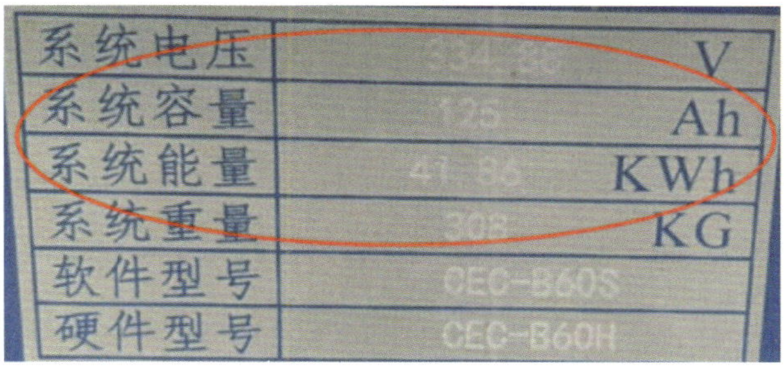

图 7-1-4　动力蓄电池参数标签

容量是指电池在充足电以后,在一定的放电条件下(放电率、温度、终止电压等)所能释放出的电量,表征电池储存能量的能力,其单位为 Ah 或 mAh。

容量是体现电池性能的一个重要技术参数。可按标准的容量测试流程计算容量,再根据容量及分布对一致性进行评价。这种方法具有操作简单、设备便宜、厂家易于实施等特点;但工作状态和使用环境不同,都会引起电池电压、容量特性的变化,在指定条件下的容量一致,并不能保证电池在实际充放电过程中保持一致。

能量是指在一定放电条件下,电池所能输出的电能,通常用 Wh 表示。电池的能量,即储存电量的大小,直接影响电动汽车的续驶里程。

新能源(电动)汽车实际使用中,针对整个动力蓄电池组,一般不会参考单个电池容量 Ah 这个单位,原因是 Ah 很难直观描述动力蓄电池"工作能力"大小。比如 150Ah 的动力蓄电池到底能行驶多少里程呢?一般情况下,使用 kWh 这个单位去衡量动力蓄电池组能量的大小。kWh 这个单位也就是生活中常说的"度",比如 10kWh 就是指 10 度电。1 度电就是 100W 灯泡点亮 10h 的电量。如果一辆纯电动汽车动力蓄电池能量标注了 47.5kWh,可以粗略判断它可以给车辆提供约 300km 的续驶里程(纯电动汽车百千米电耗在 13 ~ 15kWh 左右)。

根据以上介绍,实际工作中如果没有专业的电池容量检测设备,可以使用组合仪表或诊断仪器读取动力蓄电池 BMS 显示的电池组荷电(SOC)、续驶里程等参数，大致估算电池剩余能量大小，并用电池均衡维护仪进行均衡维护。电池均衡维护仪显示的主页面如图 7-1-5 所示。

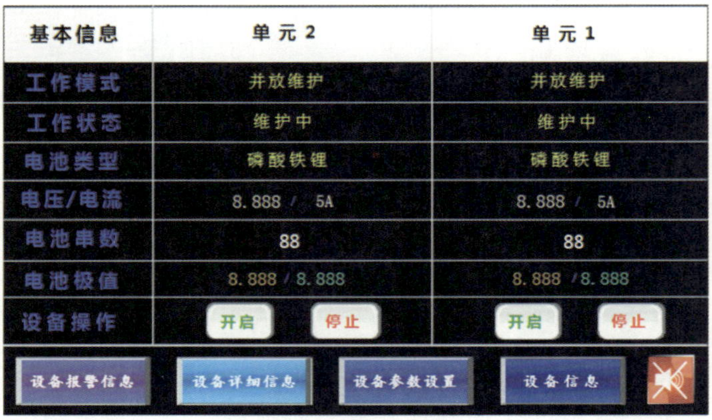

图 7-1-5　电池均衡维护仪的主页面

> **技能操作**

根据任务目标要求，在规定的时间内，分别完成新能源汽车动力蓄电池综合性能检测的方案编制和性能检测、评估报告的填写。

1. 检测制度与标准的查阅

通过互联网，进行机动车运行安全技术条件（动力蓄电池相关）、厂家维修质量标准（动力蓄电池相关）、新能源汽车维修技术相关标准（动力蓄电池相关）、国家年审制度及流程的查阅。

2. 检测方案的制定

根据车辆实际情况，查阅《维修手册》等相关资料，制定新能源汽车动力蓄电池综合性能检测的方案。

3. 检测方案的实施

使用动力蓄电池相关的检测仪器设备，进行动力蓄电池总成气密性、绝缘性、电池容量等项目的检测、数据记录与分析。

1）动力蓄电池气密性检测

使用气密性检测仪，检测动力蓄电池气密性，填写检测结果。

2）动力蓄电池绝缘性检测

使用绝缘测试仪检测动力蓄电池绝缘性，填写检测结果。

（1）动力蓄电池正极对车身绝缘电阻检测。

（2）动力蓄电池负极对车身绝缘电阻检测。

3）动力蓄电池容量检测

使用故障诊断仪器读取动力蓄电池管理系统数据流性能相关参数，估算动力蓄电池容量，填写检测结果。大众 ID.4 纯电动汽车动力蓄电池容量相关参数如图 7-1-6 ~ 图 7-1-8 所示。

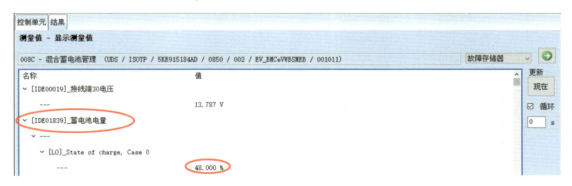

图 7-1-6　大众 ID.4 纯电动汽车动力蓄电池数据流—蓄电池电量

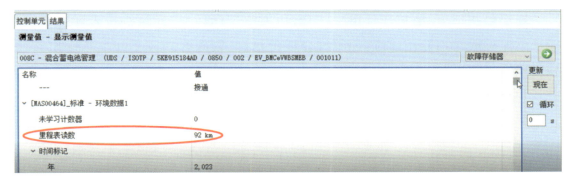

图 7-1-7　大众 ID.4 纯电动汽车动力蓄电池数据流—里程表读数

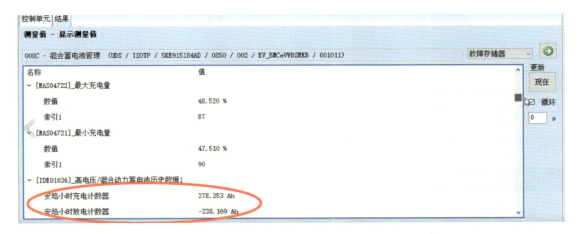

图 7-1-8　大众 ID.4 纯电动汽车动力蓄电池数据流—充放电容量

大众ID.4纯电动汽车动力蓄电池参数,见表7-1-1。

表7-1-1 大众ID.4纯电动汽车动力蓄电池参数

示意图		
类型	8模块	12模块
电池系统能量(kWh)	55	82
电池系统重量(kg)	361	517
电池系统尺寸(mm)	1447×1441×140	1816×1441×140
额定电压(V)	350.4	350.4
电池系统容量(Ah)	156	234
电池系统拓扑结构	1p96s	2p96s

4.检测报告的撰写

1)评估报告

根据检测结果,填写评估报告,向客户汇报评估结果,如符合技术评价指标,则给出保养或客户使用建议;如不符合评价指标,则向客户或车间主管提出新增维修项目建议。

2)案例分析总结报告

根据检测结果进行案例分析总结报告的撰写,并组织培训与研讨。

任务2　新能源汽车安全性能检测与评估

情境描述

一辆大众ID.4纯电动汽车客户反映车辆为新购置的二手车,怀疑存在安全隐患,需要对整车安全性能进行检测与评估。你能完成这个任务吗?

任务目标

▶ 知识目标

1.能够描述新能源汽车安全性能检测制度与标准的查阅方法;

2.能够描述新能源汽车安全性能检测与评估方法。

▶ **技能目标**

1.能够与客户和车间主管进行有效沟通,获取前期维修的相关信息,明确汽车安全性能检测项目内容及要求;

2.能够根据检测项目及车型,按照机动车运行安全技术条件、新能源汽车维修技术相关标准等要求,制定检测方案;

3.能够根据检测方案,运用各种检测设备及工具,实施安全性能检测与评估,填写检测结果及整改建议;

4.能够撰写安全性能检测工作总结报告,对检测方式、方法进行培训与研讨;

5.能够展示安全性能检测的技术要点,总结工作经验,分析不足,提出改进措施。

▶ **素质目标**

1.塑造职业道德,弘扬中华传统美德,展示中国工匠可信的形象;

2.培养良好的工作态度,以科学的态度对待科学;

3.培养钻研新技术的习惯,不断提出真正解决问题的新理念新思路新办法。

知识学习

在进行新能源汽车安全性能检测与评估之前,应学会查阅新能源汽车安全性能相关的检测制度与标准,并具备新能源汽车相关安全系统的参数、结构原理与检测相关的知识和能力。

1.新能源汽车安全性能检测制度与标准

新能源汽车安全性能检测须遵循汽车安全性能检测与评估相关的标准和电动汽车安全性能检测与评估相关的标准。

1)汽车安全性能检测与评估相关的标准

现行的汽车安全性能检测与评估部分标准如下:

《汽车车轮安全性能要求及试验方法》(GB 36581—2018)、《汽车维护、检测、诊断技术规范》(GB/T 18344—2016)《汽车制动性能动态检测方法》(GB/T 36986—2018)等。

2)电动汽车安全性能检测与评估相关的标准

2020年5月12日,工业和信息化部组织制定的《电动汽车安全要求》(GB 18384—2020)、《电动客车安全要求》(GB 38032—2020)和《电动汽车用动力蓄电池安全要求》(GB 38031—2020)三项强制性国家标准由国家市场监督管理总局、国家标准化管理委员会批准发布,并于2021年1月1日起开始实施。现行的新能源(电动)汽车安全性能检测与评估其他部分标准主要有:《电动汽车碰撞后安全要求》(GB/T 31498—2021)、《电动汽车换电安全要求》(GB/T 40032—2021)、《电动汽车供电设备安全要求及试验规范》(GB/T 39752—2021)、《在用电动汽车安全行驶性能台架检验方法》(GB/T 35179—2017)、《电动汽车用电池管理系统功能安全要求及试验方法》(GB/T 39086—2020)等。

2. 新能源汽车安全性能检测与评估方法

新能源汽车安全性能检测与评估内容包括高压安全、底盘及车身电气系统安全等。

1)新能源汽车高压安全检测与评估

根据新能源汽车(电动汽车)存在的安全隐患以及实际的工作状况,主要从维修安全、碰撞安全、电气安全、功能安全的角度进行设计,同时也包括对动力蓄电池安全设计策略。高压安全检测时应确认这些安全设计的功能正常。

(1)维修安全。新能源汽车对维修人员有特殊的安全保护设计,包括以下4个方面。

①维修开关。大部分的新能源汽车设计有维修开关(Service Switch),可以直接断开高压回路,保证维修人员的安全,维修开关的外形及拆卸后的情形如图7-2-1所示。

a) 维修开关的外形　　b) 维修开关拆卸后的情形

图 7-2-1　维修开关的外形及拆卸后的情形

②开盖检测开关。新能源汽车通常会在高压部件的盖子上设立低压开盖检测开关,在检测开关打开(盖子被打开)时,高压控制系统[整车控制器(VCU)、动力蓄电池(BMS)]切断高电压。电机控制器上盖的开盖检测开关,如图7-2-2所示。

③高压互锁。高压互锁回路(Hazardous Voltage Interlock Loop,HVIL),是指

通过使用低压信号来监控电动汽车上所有与高压母线(动力蓄电池输出的主高压导线)相连的各分路,包括整个动力蓄电池系统、DC/DC 变换器、电机控制器、高压控制盒(BDU),以及导线、接插件、保护盖等系统回路的电气连接完整性(连续性)。

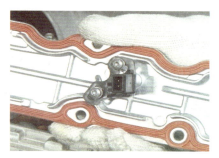

图 7-2-2　电机控制器开盖检测开关

设计高压互锁的目的是用来确认整个高压系统的完整性,当高压系统回路断开或者完整性受到破坏的时候,就需要启动安全措施。

当高压互锁回路断开时(某一高压部件的低压或高压连接断开),此时乘员或维修人员有可能会接触到高压电从而造成触电伤害,因此整车控制器 VCU、动力蓄电池 BMS 在检测到断开信号之后应当立即断开相应的高压接触器以切断高压输出,如图 7-2-3 所示。

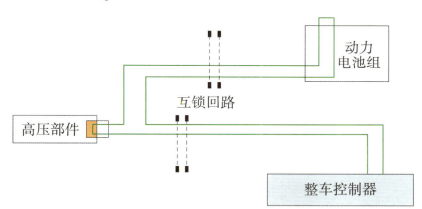

图 7-2-3　高压互锁回路示意图

④电源极性反接保护。如果意外接错高压电源的正负极,动力蓄电池(BMS)将自动切断高电压。

(2)碰撞安全。当车辆发生碰撞时,车辆的安全系统(车身结构和安全防护性能)应当在碰撞过程中以及碰撞后都要保证相关人员的人身安全。对于新能源汽车来说,除了传统汽车的相关保护需求之外,还应当满足以下要求。

①碰撞过程中避免乘员和行人遭受触电风险。

②碰撞过程中在保证人员安全的情况下,尽量保护关键零部件不受损害。

③碰撞后保证维修和救援人员没有触电风险。车辆的控制系统(VCU 和 BMS)通过 CAN 车载网络监测到安全气囊引爆后,将自动切断输出的高压电路。

有的新能源汽车上设计惯性开关电路。将惯性开关串联到高压接触器的供电回路中,当发生碰撞时惯性开关断开,从而切断高压接触器的供电电源,此时动力蓄电池的高压输出便会被"物理性"断开,保证了乘员、行人、维修和救援人员的安全。惯性开关电路示意图如图7-2-4所示。

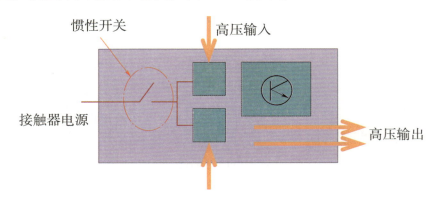

图 7-2-4　惯性开关电路示意图

(3) 电气安全。为保证新能源汽车的电气安全,会设计以下安全装置。

① 高压接插件。高压部件的绝缘接插件既可防止维修人员直接接触到高压,还可防水、防尘,减小高压系统绝缘出现问题的风险高压部件的绝缘接插件如图7-2-5所示。

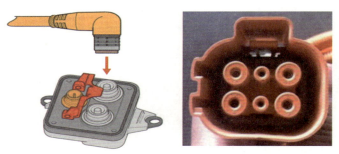

a) 接插件的锁止机构　　b) 防触电绝缘针脚

图 7-2-5　高压部件的绝缘接插件

② 高压接触器。新能源汽车除动力蓄电池外,其他高压部件都是由整车控制器(VCU)(纯电动汽车)通过高压接触器控制高电压的接通与关闭。高压接触器相当于传统汽车的主继电器,实际上也是一个大功率的继电器,用于控制高压导线正负极导线之间的接通与断开。高压接触器安装在动力蓄电池与外部高压回路之间,通常位于动力蓄电池组总成内部或独立安装在高压控制盒(BDU)中。只有当驾驶人将车辆钥匙打到ON挡或对动力蓄电池进行充电时,接触器才会闭合。

动力蓄电池端部布置有多个高压接触器,高压接触器及内部电路,如图7-2-6所示。如果混合动力控制单元控制接触器断开,整车仅动力蓄电池上会存在高电压,位于接触器下游的高电压系统部件将没有高电压。

a) 高压接触器　　　　b) 内部电路

图 7-2-6　高压接触器及内部电路

③预充电回路。高压系统中设计有预充电回路,主要由预充电电阻构成。在动力蓄电池输出高压电之前,先通过预充电回路对电池外部的高压系统进行预充电。由于高压部件的高压正、负极之间设计有补偿电容,如果没有预充电电阻,那么在高压回路导通瞬间,补偿电容将会由于瞬间电流过大而烧毁。预充电回路如图7-2-7所示,接触器附近的电阻即为预充电电阻。

④绝缘电阻检测。高压电气系统相对车辆底盘的电气绝缘性能实时检测是电气安全技术的核心内容。

高压电气系统通过电流传感器等部件检测车辆的绝缘电阻,当检测到短路(漏电)发生时,高压接触器切断高电压的同时启动主动泄放保护和被动泄放保护。

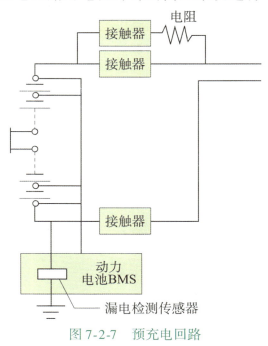

图 7-2-7　预充电回路

a. 主动泄放保护。5s 内把预充电容电压降低到 60V 以下,迅速释放危险电能;

b. 被动泄放保护。2min 内把预充电容电压降低到 60V 以下,被动泄放是主动泄放失效的二重保护。

在新能源汽车维修中,可以采用绝缘测试仪测量绝缘电阻,如图 7-2-8 所示。

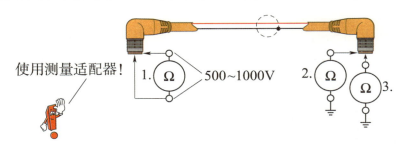

图 7-2-8 绝缘电阻检测

绝缘电阻判定标准:正对地绝缘阻值及负对地绝缘阻值均大于等于 100Ω/V(直流)、500Ω/V(交流)为合格。

⑤短路保护器。高压系统的每一个高压回路均有短路保护器(熔断丝)做过流保护。动力蓄电池总成内部增加了多个的高压接触器和短路保护器进行保护,动力蓄电池的每根采样线也有单独的保护器保护。即使车辆发生碰撞造成高压导线短路,也可保证动力蓄电池等高压部件及线束不会短路损坏或起火。一般情况下,短路保护器的位置可设在动力蓄电池组串联的中央、DC/DC 变换器回路、暖风加热器回路以及电动空调压缩机回路等。高压系统保护电路如图 7-2-9 所示,接触器和短路保护器(熔断丝)位置示意图如图 7-2-10 所示。

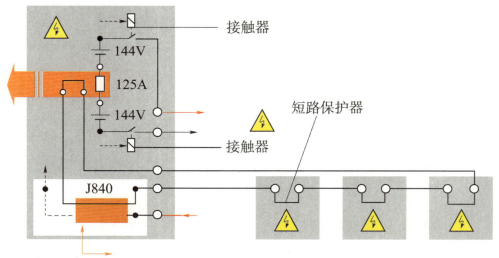

图 7-2-9 高压系统保护电路

接触器+熔断丝

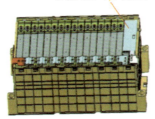 

图 7-2-10　接触器和短路保护器（熔断丝）位置示意图

(4) 功能安全。对于新能源汽车，还需要从以下 2 个功能方面采取安全设计，避免安全隐患的发生。

① 扭矩安全管理。为防止车辆出现不期望的运动，例如驱动电机转速过快甚至失控，需要在整车控制器（VCU）中加入扭矩安全控制策略。扭矩安全策略具体如下。

a. 整车控制器（VCU）负责计算整车的扭矩需求，计算的扭矩需求的差值大于某个标定值，则认为扭矩输出存在安全风险，此时 VCU 会将车速限制在安全范围内。

b. 若 VCU 的需求扭矩与电机的实际扭矩的差值大于某个标定值，则认为电机的扭矩控制存在风险，此时 VCU 将会限制电机的扭矩输出，若两者差值一直过大，则切断动力蓄电池的动力输出。

② 充电安全设计。在充电时需要防止车辆移动以及避免快充、慢充、行驶模式之间的冲突，为此进行如下设计。

a. 只有挡位放在 P/N 挡时才允许充电。

b. 在充电过程中，扭矩需求及实际扭矩输出都应当为 0。

c. 当充电枪插上时，不允许闭合控制高压电输出的接触器。

d. 当充电回路绝缘电阻小于标准要求的阻值时，应当停止充电并断开高压接触器。

(5) 动力蓄电池安全设计策略。动力蓄电池相关的安全设计策略如下。

提示：电池状态计算包括电池组荷电（State of Charge，SOC）状态和电池组健康（State of Health，SOH）状态两方面。SOC 用来提示动力蓄电池组剩余电量，是计算和估计电动汽车续驶里程的基础。SOH 用来提示电池技术状态，预计可用寿命等健康状态的参数。

① 动力蓄电池可用容量修正。动力蓄电池管理系统（模块）BMS 根据单体电池在环境温度下的放电容量，以及慢充过程中因为电芯一致性变差导致动力蓄电池系统充电并未真正充满等因素，确定可用容量上报给整车控制器（VCU），

VCU根据该值计算续驶里程。

②SOC估算及修正策略。BMS根据车载充电模式和行车模式下单体电池最高电压进行SOC修正。

③放电过程电流控制策略。行车放电过程中,放电电流不能超过BMS给VCU上报的最大允许放电电流值。放电过程电流控制策略是BMS根据动力蓄电池当前的SOC及最高温度实时调整"最大允许放电电流"数值。

④能量回馈过程控制策略。BMS通过上报"最大允许充电电流"给整车控制器来表现动力蓄电池当前状态可以接受最大回馈电流的能力。

⑤车载充电电流控制策略。车载充电时,BMS根据当前最小温度请求允许最大充电电流。

a. 当单体最高电压充电到3.6V时,BMS请求充电电流降到5A。

b. 单体最高电压达到3.7V,停止充电,并把SOC修正为100%。

⑥地面充电控制策略。快充时,动力蓄电池(BMS)系统与地面充电桩之间的交互信息及工作流程严格按照《电动汽车非车载传导式充电机与电池管理系统之间的通信协议》(GB/T 27930—2015)执行。

⑦保温过程控制策略。车载充电完成之后,BMS根据电池的温度判断是否需要保温,如果需要保温,进入保温过程。

⑧动力蓄电池故障处理策略。动力蓄电池(BMS)系统在行车模式/车载充电模式/地面充电模式下诊断、上报和处理的故障,及处理措施及恢复条件。

2)新能源汽车底盘及车身电气系统安全检测与评估

新能源汽车底盘及车身电气系统与传统汽车基本一致,因此底盘及车身电气系统安全检测与评估内容、方法可以参照传统汽车。底盘及车身电气系统安全检测与评估项目包括制动性能、转向轮侧滑、前照灯等,可以利用安全性能检测线进行检测与评估。

技能操作

根据任务目标要求,在规定的时间内,分别完成新能源汽车安全性能检测的方案编制和性能检测、评估报告的填写。

1. 检测制度与标准的查阅

通过互联网,进行新能源(电动)汽车安全性能相关的制度及流程的查阅。

2. 检测方案的制定

根据车辆实际情况,查阅《维修手册》等相关资料,制定新能源汽车安全性能检测的方案。

3. 检测方案的实施

使用故障诊断仪器、绝缘电阻测试仪、汽车安全性能检测线对新能源汽车高压安全、底盘及车身电气系统等项目的检测、数据记录与分析。

1）高压安全性能检测

（1）使用故障诊断仪器读取新能源汽车各控制系统控制单元故障码，分析是否有安全相关的故障码，填写检测结果。

（2）使用绝缘电阻测试仪检查高压部件、高压导线绝缘电阻，分析是否存在绝缘电阻过低的情况，填写检测结果。

2）底盘及车身电气系统安全性能检测

使用汽车安全检测线检测底盘及车身电气系统安全性能，填写检测结果。

（1）底盘及车身外观检测（安全隐患），填写检测结果。

（2）制动性能检测，填写检测结果。

（3）转向轮侧滑检测，填写检测结果。

（4）前照灯检测，填写检测结果。

4. 检测报告的撰写

1）评估报告

根据检测结果，填写评估报告，向客户汇报评估结果，如符合技术评价指标，则给出保养或客户使用建议；如不符合评价指标，则向客户或车间主管提出新增维修项目建议。

2）案例分析总结报告

根据检测结果进行案例分析总结报告的撰写，并组织培训与研讨。

任务3　新能源汽车底盘大修维修质量检测与评估

情境描述

一辆大众 ID.4 纯电动汽车进厂进行底盘部件大修，维修竣工后需要请维修技师协助检测与评估底盘的维修质量，你能完成这个任务吗？

新能源汽车常见故障诊断与排除

任务目标

▶▶ 知识目标

1. 能够描述新能源汽车底盘大修维修质量检测制度与标准的查阅方法；
2. 能够描述新能源汽车底盘大修维修质量检测与评估方法。

▶▶ 技能目标

1. 能够与客户和车间主管进行有效沟通，获取前期维修的相关信息，明确汽车底盘大修维修质量检测项目内容及要求；
2. 能够根据检测项目及车型，按照机动车运行安全技术条件、新能源汽车维修技术相关标准等要求，制定检测方案；
3. 能够根据检测方案，运用各种检测设备及工具，实施底盘大修维修质量检测与评估，填写检测结果及整改建议；
4. 能够撰写底盘大修维修质量检测工作总结报告，对检测方式、方法进行培训与研讨；
5. 能够展示底盘大修维修质量检测技术要点，总结工作经验，分析不足，提出改进措施。

▶▶ 素质目标

1. 塑造职业道德，弘扬中华传统美德，展示中国工匠可信的形象；
2. 培养良好的工作态度，以科学的态度对待科学；
3. 培养钻研新技术的习惯，不断提出真正解决问题的新理念新思路新办法。

知识学习

在进行新能源汽车底盘大修维修质量检测与评估之前，应学会查阅新能源汽车底盘大修维修质量相关的检测制度与标准，并具备新能源汽车底盘相关系统的参数、结构原理与检测相关的知识和能力。

1. 新能源汽车底盘大修维修质量检测制度与标准

新能源汽车底盘与传统汽车基本一致，因此新能源汽车底盘大修维修质量检测制度与标准应参照传统汽车执行，现行的部分标准主要有：《机动车安全技术检验项目和方法》（GB 38900—2020）、《机动车安全技术检测站》（GB/T 35347—2017）、《机动车运行安全技术条件》（GB 7258—2017）《汽车车轮安全性能要求及试验方法》（GB 36581—2018）、《汽车维护、检测、诊断技术规范》（GB/T 18344—2016）、《汽车制动性能动态检测方法》（GB/T 36986—2018）、《汽车大修竣工出厂技术条件》(GB/T 3798—2021)等。

2. 新能源汽车底盘大修维修质量检测与评估方法

1)新能源汽车底盘结构组成与传统汽车比较

新能源汽车与传统燃油汽车相比,有着类似的车身设计以及汽车的基本设计要素,如行驶系统、制动系统、转向系统、车身电气系统等,因此,新能源汽车的底盘结构组成与传统汽车基本一致。但是,由于动力系统的改变,新能源汽车底盘结构根据动力布置形式也做了改变。

纯电动汽车动力系统上不再有内燃机和结构复杂的变速器了,取而代之的是动力蓄电池,以及位于原内燃机位置的一个带有电机的驱动单元(用于减速的变速机构)。纯电动汽车动力传输路径如图7-3-1所示。

图7-3-1 纯电动汽车动力传输路径

因此,在对新能源汽车底盘进行检测、维修、质量检验等工作时,除了注意高压安全外,可以参照传统汽车的操作方法与步骤进行。

2)新能源汽车底盘大修维修质量检测与评估

新能源汽车底盘大修维修质量检测与评估参数及要点如下。

(1)传动及悬架系统。

①电机及变速传动机构(减速器)。

a. 检查变速传动机构连接螺栓并紧固,半轴油封有无渗漏。

b. 检查等速万向节及防尘套有无破损。

②车轮及轮毂。

a. 检查轮毂有无划痕磕碰。

b. 检查车轮是否已做动平衡。

③轮胎。

a. 检查轮胎胎面和侧面是否有损坏和异物,轮胎是否有滚动面异常磨损毛刺等。

b. 检查花纹深度是否达到极限。

c. 检查胎压是否正常。

④车架悬架连接状态。检查车架悬架连接螺栓是否正常,并用扭力扳手检查紧固力矩。

⑤前后减振器。检查减振器有无漏油及其他损坏,按照相关车型螺栓标准力矩检查螺栓紧固状态。

(2)制动系统。制动系统检查与传统汽车的检查相似。但在检查制动系统时需要注意以下几点。

①新能源汽车都采用电子控制的制动系统,其维护检修的注意事项和方法与传统汽车有所不同,但其液压管路和制动器与传统汽车一样。因为新能源汽车制动系统是在驱动电机里面产生再生能量,且由电机控制器控制再生能量,所以没有与高压电路连接。

检测时应确认组合仪表没有点亮电控制动系统故障指示灯,控制单元没有存储故障码。

②驻车制动器检查与维护要点:在斜坡将驻车制动手柄拉到整个行程70%的时候,或手柄棘轮齿数6~7齿的时候测试是否溜车。是,则调整驻车制动器。对于电子驻车制动车型,只需拉起驻车制动开关使车辆处于驻车制动状态,测试车辆是否溜车。

③检查制动管路中制动液是否泄漏。制动液选取厂家规定型号、标准的制动液;检查制动液液位,必须不得高于 MAX,不得低于 MIN。

④制动真空系统检查要点如下。

a. 车辆停稳后,打开点火开关,完全踩下制动踏板,踩踏3次真空泵应正常运转,大约10s后真空度达到设定值时,真空泵应停止运转。

b. 在制动真空泵工作时检查连接软管。检测重点部位(检测有无磨损漏气现象):检查制动真空泵与软管连接处;检查制动真空罐与软管连接处。

⑤制动系统其他部件检查与传统车辆一致,检查前后制动摩擦片、检查前后制动盘。视情况更换故障的部件。

(3)转向系统。转向系统检查与传统汽车的检查相似,但在检查新能源汽车的转向系统时需要注意以下几点。

①检查转向系统时,查看并按照《用户手册》上规定的预防措施进行操作。

②新能源汽车都使用电动助力转向系统,并利用逆变器提高电压来驱动转向电动机。转向系统检查时,应检查转向电动机、转向角度传感器、控制单元及高低压线束的外观及系统工作情况。

③检查转向横拉杆球头间隙,紧固程度及防尘套状态。

a. 举升车辆(车轮悬空),通过摆动车轮和转向横拉杆来检查间隙。

b. 检查转向横拉杆球头的固定螺母是否牢固。

c. 检查转向横拉杆的防尘套有无损坏和安装位置是否正确。

④检查转向助力功能。

a. 在道路试车过程中,通过原地转向、低速行驶中转向,检测转向时方向是否有沉重,助力效果不足等故障。

b. 将转向盘向左、向右打至极限位置,检测是否有转向盘抖动、转向机异响等故障。

(4) 主要油液检查。底盘系统除了制动液外,还应该检查以下油液。

①减速器(变速器)油位检查。减速器油面应该与加注孔下缘齐平。如果液面过低,通过加注孔螺塞添加专用的减速器油,直到油液开始流出。最后重新安装并紧固加注孔螺塞。

②电机冷却液的液位检查。

警告:为防止灼伤,当电机热态的时候,不要拧开加注口盖。

查看储液罐(膨胀罐)液面,冷却液的液位将随电机的温度变化而变化,正常液面位置应该在保持在 F 和 L 之间。如果液位在 L 线或以下,则须加注冷却液。拧开加注口盖,查看冷却液颜色是否浑浊,如果冷却液颜色浑浊,则应更换。

在加注冷却液之后,如果冷却液的液位在短时间内下降,则系统可能有泄漏。须目视检查散热器、软管、散热器盖和放泄旋塞以及电动冷却液泵。

技能操作

根据任务目标要求,在规定的时间内,分别完成新能源汽车底盘大修维修质量检测的方案编制和质量检测、评估报告的填写。

1. 检测制度与标准的查阅

通过互联网,进行机动车运行安全技术条件、厂家维修质量标准、新能源汽车维修技术相关标准、国家年审制度及流程的查阅。

2. 检测方案的制定

根据车辆实际情况,查阅《维修手册》等相关资料,制定新能源汽车底盘大修维修质量检测的方案。

3. 检测方案的实施

使用故障诊断仪器、底盘测功机、目视检查等方法进行新能源汽车底盘驱动轮输出功率、底盘电控系统、机械部件大修维修质量等项目的检测、数据记录与分析。

图 7-3-2　大众 ID.4 纯电动汽车驱动电机参数

1) 驱动轮输出功率检测

使用汽车底盘测功机检测驱动轮输出功率,填写检测结果,并与电机输出额定功率比较。大众 ID.4 纯电动汽车驱动电机参数,如图 7-3-2 所示。

2) 底盘电控系统检测

使用故障诊断仪器读取新能源汽车底盘电控系统控制单元故障码,分析是否有安全相关的故障码,填写检测结果。

(1) 电子制动控制系统故障码检测,填写检测结果。

(2) 电动助力转向系统故障码检测,填写检测结果。

(3) 底盘其他电子控制系统故障码检测,填写检测结果。

3) 底盘机械、电气部件检测

目测方式,结合扭力扳手等工具,检测底盘机械部件安装、紧固及是否油液泄漏。

(1) 底盘各机械连接机构外观、紧固力矩检测,填写检测结果。

(2) 底盘电气部件及线束外观检测,填写检测结果。

(3) 底盘油液的液位及泄漏检测,填写检测结果。

(4) 底盘其他大修维修质量检测,填写检测结果。

4. 检测报告的撰写

1) 评估报告

根据检测结果,填写评估报告,向客户汇报评估结果,如符合技术评价指标,则给出保养或客户使用建议;如不符合评价指标,则向客户或车间主管提出新增维修项目建议。

2) 案例分析总结报告

根据检测结果进行案例分析总结报告的撰写,并组织培训与研讨。

附　　录

大众 ID.4 纯电动汽车电路图导线颜色缩写

颜色	英文缩写	颜色	英文缩写
白色	ws	黑色	sw
红色	ro/rt	褐色	br
绿色	gn	蓝色	bl
灰色	gr	浅紫色	li/vi
黄色	ge	橘黄色	or
粉红色	rs	绿松石	tk
未绝缘	blk		

注：本书电路图中线束标注的 0.35、0.5、0.75、1.0、1.5 等数字，表示导线的截面积，单位为 mm^2。

参考文献

[1] 包科杰,徐利强.新能源汽车维护与故障诊断[M].北京:人民交通出版社股份有限公司,2017.
[2] 吴荣辉.新能源汽车结构原理与检修[M].北京:机械工业出版社,2021.
[3] 王磊,谢婉茹.智能网联汽车概论[M].北京:人民交通出版社股份有限公,2021.

新能源汽车常见故障诊断与排除任务工单

专业：_____

班级：_____

学号：_____

姓名：_____

人民交通出版社

北 京

| 《任务工单》(工作手册)使用说明 | 01 |

项目一　新能源汽车故障诊断基础 ··· 05
- 任务1　新能源汽车故障警告灯识别与故障原因分析 ··· 05
- 任务2　新能源汽车故障诊断方法 ·· 10

项目二　新能源汽车动力系统故障诊断与排除 ··· 15
- 任务1　动力蓄电池无法充电故障诊断与排除 ·· 15
- 任务2　动力系统无法上电故障诊断与排除 ··· 19
- 任务3　电驱动系统无法驱动故障诊断与排除 ·· 23
- 任务4　热管理系统温度过高故障诊断与排除 ·· 27

项目三　新能源汽车车载网络和高级驾驶辅助系统(ADAS)故障诊断与排除 ··· 31
- 任务1　车载网络系统通信故障诊断与排除 ··· 31
- 任务2　高级驾驶辅助系统(ADAS)典型故障诊断与排除 ······································ 35

项目四　新能源汽车空调及暖风系统故障诊断与排除 ··· 43
- 任务1　空调系统不制冷故障诊断与排除 ··· 43
- 任务2　暖风系统不制热故障诊断与排除 ··· 47

项目五　新能源汽车底盘系统故障诊断与排除 ··· 51
- 任务1　电控制动系统故障警告灯亮故障诊断与排除 ··· 51
- 任务2　电动助力转向系统转向无助力故障诊断与排除 ··· 55

项目六　新能源汽车电气系统故障诊断与排除 ·················· 59

- **任务1**　组合仪表不显示故障诊断与排除 ································· 59
- **任务2**　转向信号灯不亮故障诊断与排除 ····························· 63
- **任务3**　安全气囊及其他辅助电气系统典型故障诊断与排除 ············· 67

项目七　新能源汽车综合性能检测与评估 ························ 71

- **任务1**　新能源汽车动力蓄电池性能检测与评估 ························· 71
- **任务2**　新能源汽车安全性能检测与评估 ····························· 75
- **任务3**　新能源汽车底盘大修维修质量检测与评估 ····················· 79

《任务工单》(工作手册)使用说明

安 全 须 知

遵守实训室规章制度,详细阅读并正确理解本"安全须知",如有疑问请咨询实训教师。

(1)实训车辆按要求停在指定工位上,未经教师批准不准起动;经批准起动后,应先检查车轮的安全顶块是否放好,驻车制动是否已启用,变速杆是否放在 P 位,车辆前方有没有人在操作。

(2)实训期间禁止嬉戏打闹。

(3)在没有断开高压线路之前,请勿用手直接触碰前机舱内的高压部件,如果不可避免请借助高压绝缘棒,或者其他绝缘物质代替。

(4)检查个人安全防护装备,确保绝缘手套等防护装备在有效检验期内并可用。

(5)如果车辆需要起动并运行,请确保车辆在举升机上正确位置,车轮离地 10cm。

(6)严格遵守《用户手册》《维修手册》上的安全注意事项及操作规范。

技 术 提 示

(1)如果实训车辆的车型与本教材不符,请参考《用户手册》《维修手册》及其他相关的技术资料。

(2)实训教师根据实训项目的内容,提前设置相应的故障。

(3)工作任务使用的设备、工具,请参照说明书操作。

表格参考格式及内容

以下介绍本《工作手册》涉及表格的详细参考内容,教师可根据需要修订打印。

工作计划表

序号	流程/工序	责任人	工作内容简述	注意事项	备注
1					
2					
3					
4					
5					
6					
7					

新能源汽车常见故障诊断与排除任务工单

续上表

序号	流程/工序	责任人	工作内容简述	注意事项	备注
8					
9					
10					

工作流程提示：

①汽车维修工从车间主管或班组长处接受车辆维修任务。

②阅读维修工单，明确任务要求。

③确认车辆故障的现象并实施基本检查。

④通过查阅《维修手册》、维修案例等资料，制订相应的故障诊断方案。

⑤使用各种检测仪器、设备对车辆进行综合检测、甚至需要对可疑故障部位进行拆检，记录并分析检测数据、确定故障点。

⑥制订经济、合理的修复方案，经客户同意后实施修复。

⑦自检合格后交付班组长或质检员进行质量检验。

⑧作业过程中，作业区域应干燥，并设置警示隔离区和警示牌。作业过程中，汽车维修工应严格遵守汽车生产厂家制定的安全操作规程、企业内部检验规范、安全生产制度、环保管理制度以及"7S"管理规定。

准备工作检查记录表

序号	检查/操作内容	检查/操作要求或数据		检查结果	备注
1	"安全须知"阅读	详细阅读并正确理解"安全须知"			
2	场地清洁检查	场地清洁，无杂物			
3	安全检查	无安全隐患			
4	个人防护装备检查	型号正确；数量正确；技术参数符合要求；功能正常；外观无损坏	□高压安全防护装备		
5	车辆防护装备检查		□车外防护3件套 □车内防护3/5件套		
6	整车检查		□纯电动汽车整车 □混合动力电动汽车整车		
7	台架检查		□总成台架		
8	总成/部件/器材检查		□总成/部件/器材		
9	充电桩、充电器检查		□直流充电桩 □交流充电桩 □随车充电器		
10	车间设备检查		□高压维修警示牌和隔离带		
11	检测设备/仪表检查		□故障诊断仪 □数字万用表 □钳形电流表 □绝缘测试仪 □红外测温仪 □蓄电池维修设备		

续上表

序号	检查/操作内容	检查/操作要求或数据		检查结果	备注
12	绝缘/专用工具检查	型号正确；数量正确；技术参数符合要求；功能正常；外观无损坏	□绝缘拆装工具套组		
13	常规工/量具检查		□常规工/量具套组		
14	辅助材料检查		□油液及其他辅料		
15	技术资料检查		□设备说明书 □用户手册（对应车型） □《维修手册》（对应车型）		
16	其他检查	根据实际要求			

职业能力考评表（扣分扣完为止）

项目	分值	标准描述	要求或数据	结果或实际值	学员自评得分	同组互评得分	教师考评得分
1	5	考勤	是否缺勤/迟到早退	缺勤扣1分/人次，迟到早退扣0.5分/人次			
2	5	团队合作	是否和谐	与讨论无关的争吵扣1分/次，斗殴扣5分			
3	5	沟通讨论	是否积极	积极不扣分，一般扣1~3分，不积极扣4~5分，无故不参与讨论扣5分			
4	5	现场5S	是否遵循	工具配件杂物落地，扣1分/次			
5	10	生产纪律	是否守纪	普通违纪扣1分/次，严重扣8~10分/次			
6	10	设备安全	有无损坏	人为损坏得0分			
7	10	人身安全	有无损伤	人身损伤得0分			
8	10	填写工单	是否完整、规范	完整规范不扣分，完整、基本规范扣3~5分，完整、不规范扣6~8分，不完整、不规范扣9~10分			
9	10	回答问题	是否正确	完全正确不扣分，基本正确扣1~2分，基本正确、但不完整扣3~5分，不正确扣6~10分			

续上表

项目	分值	标准描述	要求或数据	结果或实际值	学员自评得分	同组互评得分	教师考评得分
10	10	操作过程	是否完整、规范	完整、规范不扣分,完整、基本规范扣3~5分,完整、不规范扣6~8分,不完整、不规范扣9~10分			
11	10	操作结果	是否正确	完全正确不扣分,基本正确扣1~2分,基本正确、但不完整扣3~5分,不正确扣6~10分			
12	10	结果分析	是否完整、正确	完全正确不扣分,基本正确扣1~2分,基本正确、但不完整扣3~5分,不正确扣6~10分			

项目一　新能源汽车故障诊断基础

任务1　新能源汽车故障警告灯识别与故障原因分析

学生姓名：_____　团队(小组)：_____　时间：_____年_____月_____日

📓 任务分析

本工作任务共有2个操作任务。

操作任务1：纯电动汽车故障警告灯识别与原因分析；

操作任务2：混合动力电动汽车故障警告灯识别与原因分析。

请根据任务要求，对小组成员进行合理分工，小组进行讨论，参考《工作计划表》的内容制订工作计划，并记录主要内容。

任务分析记录：_____

_____

📓 任务准备

参照《准备工作检查记录表》，阅读"安全须知"、检查并记录完成任务需要的场地、设备、工具及材料。

1. "安全须知"阅读

请在操作之前认真阅读"安全须知"！□已阅读；□未阅读，原因：_____

2. 场地清洁检查

场地清洁，无杂物。检查结果记录：_____

3. 安全检查

无安全隐患。检查结果记录：_____

4. 车辆、设备、工具及其他用品检查

本次实训需要的各种车辆、设备、工具及其他用品型号正确；数量正确；技术参数符合要求；功能正常；外观无损坏。检查结果记录：_____

提示：教师根据项目需要提前设置故障。

1. 纯电动汽车故障警告灯识别与原因分析

纯电动汽车故障警告灯识别与故障原因分析实训要求

参考车型	实训车型	操作时间
大众 ID.4		30min

（1）实车操作并观察纯电动汽车仪表正常情况可显示的所有信息。

（2）必要时可使用诊断仪对组合仪表进行自检动作测试，使所有显示指示项目、相关指示灯和警告灯点亮并拍照做好记录。

（3）纯电动汽车仪表可显示的所有信息、相关指示灯和警告灯等，与传统车型对比，属于新能源汽车特有的信息指示项目填写在下表。

序号	指示项目名称	序号	指示项目名称
1		6	
2		7	
3		8	
4		9	
5		10	

（4）警告灯异常原因分析。对比实车观察到的纯电动汽车型仪表显示信息、相关指示灯和警告灯属于异常显示的，分析可能原因。

序号	异常显示项目名称	可能原因
1		
2		
3		
4		
5		

思考及讨论：纯电动汽车仪表指示灯或警告灯及其他信息,与传统汽车有何区别？
讨论记录：

2. 混合动力电动汽车故障警告灯识别与原因分析

混合动力电动汽车故障警告灯识别与故障原因分析实训要求

参考车型	实训车型	操作时间
丰田混合动力电动汽车		30min

(1)实车操作并观察混合动力电动汽车仪表正常情况可显示的所有信息。

(2)必要时可使用诊断仪对组合仪表进行自检动作测试,使所有显示指示项目、相关指示灯和警告灯点亮并拍照做好记录。

(3)混合动力电动汽车仪表可显示的所有信息、相关指示灯和警告灯等,与传统车型对比,属于新能源汽车特有的信息指示项目填写在下表。

序号	指示项目名称	序号	指示项目名称
1		6	
2		7	
3		8	
4		9	
5		10	

(4)警告灯异常原因分析。对比实车观察到的混合动力电动汽车仪表显示信息、相关指示灯和警告灯属于异常显示的,分析可能原因。

序号	异常显示项目名称	可能原因
1		
2		
3		
4		
5		

思考及讨论:混合动力电动汽车仪表指示灯或警告灯及其他信息,与传统汽车有何区别?

讨论记录:_____

课堂测试

1. 填空题

(1)仪表的绿色灯是指示灯,表示对应的系统处于_____;黄色灯是_____,表示_____;红色灯是_____,表示车辆无法行驶或行驶可能出现严重事故。

(2)根据车型配置,组合仪表可能显示_____或_____,而非故障警告灯。

(3)当新能源汽车动力蓄电池的电量低于_____,动力蓄电池充电提醒灯点亮;充电到电量高于_____,动力蓄电池充电提醒灯熄灭。

(4)如果新能源汽车的仪表中出现多个故障警告灯后,应该优先检查_____及高压系统相关的故障警告灯。

(5)如果上电以后整车无故障,但是不能进入行驶准备就绪模式的情况,需要先确认挡位是否在_____或停车挡(P),以及_____是否踩下。

2. 判断题

（1）动力蓄电池切断警告灯点亮，一定是动力蓄电池发生故障。（　）

（2）当车辆外接充电枪连接指示灯点亮时，车辆无法行驶。（　）

（3）新能源汽车仪表的指示灯、警告灯或车辆信息，所有车型都一致。（　）

（4）如果新能源汽车仪表多个故障警告灯点亮时，优先权最高的是动力蓄电池相关的故障警告灯。（　）

（5）新能源汽车组合仪表所有灯都不亮，最可能的原因是动力蓄电池没电。（　）

3. 单项选择题

（1）以下属于严重警告的故障灯是（　　）。
　　A. 动力蓄电池充电提醒灯　　　B. 行驶准备就绪指示灯
　　C. 动力蓄电池故障警告灯　　　D. 功率限制指示灯

（2）新能源汽车警告灯中，表示系统正常的颜色是（　　）。
　　A. 红色　　　B. 绿色　　　C. 黄色　　　D. 以上都有可能

（3）低压蓄电池故障灯常亮，原因可能是（　　）。
　　A. DC/DC 变换器故障
　　B. 低压蓄电池故障
　　C. DC/DC 和低压蓄电池相关的线路故障
　　D. 以上都有可能

（4）如果新能源汽车不能进入行驶准备就绪模式，原因可能是（　　）。
　　A. 动力蓄电池及高压系统故障　　　B. 低压电源线路故障
　　C. 制动开关故障　　　D. 以上都有可能

（5）新能源汽车组合仪表中，行驶准备就绪的指示灯为"OK"的品牌车型是（　　）。
　　A. 大众 ID.4　　　B. 吉利帝豪　　　C. 比亚迪　　　D. 所有车型

4. 简答题

（1）简述新能源汽车故障警告灯的检查原则。

（2）如果新能源汽车组合仪表中，动力系统故障警告灯点亮，但动力蓄电池系统正常，简述可能的故障原因。

任务评价

小组成员、教师分别对基本职业能力及任务完成结果进行综合考评，并根据《职业能力考评表》要求评分，学生自评/同组互评得分供教师考评参考，以教师评分为准。

任务评价表

评分	学生自评：_____分	同组互评：_____分	教师考评：_____分
学生个人总结	学生签名： 年 月 日		
小组评语及建议	组长签名： 年 月 日		
教师评语及建议	教师签名： 年 月 日		

任务2　新能源汽车故障诊断方法

学生姓名：_____　团队(小组)：_____　时间：_____年_____月_____日

📓 任务分析

本工作任务共有2个操作任务。

操作任务1：编制与实施纯电动汽车故障诊断流程；

操作任务2：编制与实施混合动力电动汽车故障诊断流程。

请根据任务要求，对小组成员进行合理分工，小组进行讨论，参考《工作计划表》的内容制订工作计划，并记录主要内容。

任务分析记录：_____

_____

📓 任务准备

参照《准备工作检查记录表》，阅读"安全须知"、检查并记录完成任务需要的场地、设备、工具及材料。

1."安全须知"阅读

请在操作之前认真阅读"安全须知"！□已阅读；□未阅读，原因：_____

2.场地清洁检查

场地清洁，无杂物。检查结果记录：_____

3.安全检查

无安全隐患。检查结果记录：_____

4.车辆、设备、工具及其他用品检查

本次实训需要的各种车辆、设备、工具及其他用品型号正确；数量正确；技术参数符合要求；功能正常；外观无损坏。检查结果记录：_____

📓 任务实施

1.编制与实施纯电动汽车故障诊断流程

纯电动汽车故障诊断流程编制与实施实训要求

参考车型	实训车型	操作时间
不限		60min

1)任务分析及讨论

根据任务要求进行分组讨论。

(1)当仪表出现动力系统故障警告灯后,应该进一步获取的信息。

讨论记录:_____

(2)进行故障诊断与排除之前的注意事项、工具设备及安全操作。

讨论记录:_____

(3)故障诊断与排除的基本思路和步骤。

讨论记录:_____

根据讨论的结果,执行以下操作,并记录操作结果。

2)诊断与排除前注意事项和准备工作

(1)阅读并理解安全注意事项。

你是否已经阅读并理解安全注意事项:_____

(2)准备并检查安全防护装备和诊断与排除需要的工具设备。

安全防护装备和工具设备是否齐全、正常:_____

(3)根据诊断与排除需要执行安全断电与检验操作。

本次是否需要执行高压安全断电与检验操作:_____

如果需要,是否已经完成操作:_____

3)诊断与排除操作

(1)车辆检查和判断车辆故障状况。

操作结果记录:_____

(2)使用故障诊断仪对车辆进行故障诊断,读取故障码、分析数据流,必要时对电控系统执行元件进行主动测试。

操作结果记录:_____

(3)根据以上步骤诊断的结果,参照《维修手册》的维修操作规范,对故障点进行调整、修复、更换等操作。

操作结果记录:_____

(4)执行维修后检验。试车,必要时进行路试,确认仪表故障警告灯正常,相关系统的控制单元没有存储故障码,相关系统的功能工作正常。

操作结果记录:_____

思考及讨论:如果维修后检验的结果表明故障仍然存在,作为实际操作的维修人员,下一步应该怎么做?

讨论记录:_____

2. 编制与实施混合动力电动汽车故障诊断流程

混合动力电动汽车故障诊断流程编制与实施实训要求

参考车型	实训车型	操作时间
不限		60min

新能源汽车常见故障诊断与排除任务工单

1）任务分析及讨论

根据任务要求进行分组讨论。

（1）当仪表出现动力系统和发动机电控系统故障警告灯点亮后,应该进一步获取的信息。

讨论记录：_____

（2）进行故障诊断与排除之前的注意事项、工具设备及安全操作。

讨论记录：_____

（3）故障诊断与排除的基本思路和步骤。

讨论记录：_____

根据讨论的结果,执行以下操作,并记录操作结果。

2）诊断与排除前注意事项和准备工作

（1）阅读并理解"安全须知"。

你是否已经阅读并理解安全注意事项：_____

（2）准备并检查安全防护装备和诊断与排除需要的工具设备。

安全防护装备和工具设备是否齐全、正常：_____

（3）根据诊断与排除需要执行安全断电与检验操作。

本次是否需要执行高压安全断电与检验操作：_____

如果需要,是否已经完成操作：_____

3）诊断与排除操作

（1）车辆检查和判断车辆故障状况。

操作结果记录：_____

（2）使用故障诊断仪对车辆进行故障诊断,读取故障码、分析数据流,必要对电控系统执行元件进行主动测试。

操作结果记录：_____

（3）根据以上步骤诊断的结果,参照《维修手册》的维修操作规范,对故障点进行调整、修复、更换等操作。

操作结果记录：_____

（4）执行维修后检验。试车,必要时进行路试,确认仪表故障警告灯正常,相关系统的控制单元没有存储故障码,相关系统的功能工作正常。

操作结果记录：_____

课堂测试

1. 填空题

（1）新能源汽车故障诊断与排除时需要采用_____、钳形电流表以及_____等传统汽车很少采用的工具设备。

（2）新能源汽车发生故障时,制定"基本故障诊断与排除流程"可以为技术人员提供

_____,也能提高车辆的_____。

（3）如果客户反应的问题是正常现象,或是客户_____造成的,则应对客户进行解释,并指导_____。

（4）间歇性故障是一种_____出现,很难重现且只在_____发生的故障。

（5）新能源汽车都会对故障进行_____,根据故障级别采取对应的_____。

2. 判断题

（1）新能源汽车具有高压系统,故障诊断与排除时应注意高压安全防护。　　（　　）

（2）在实际的汽车诊断维修过程中,凭借个人的经验可以快速排除故障。　　（　　）

（3）作为车辆的使用者,客户反应的车辆故障一定是真实存在的。　　　　　（　　）

（4）故障诊断流程的第一步是尽可能多了解车辆的使用和故障发生时情况。　（　　）

（5）如果车辆的控制系统存在当前故障码,应按照故障码的内容进行诊断。　（　　）

3. 单项选择题

（1）进行客户报修车辆的初步检查（预检）,内容包括（　　）。

　　A. 对车辆外观进行全面检查

　　B. 检测是否有异常的响声或异味

　　C. 利用诊断仪器采集故障诊断码（DTC）和数据流等信息

　　D. 以上都是

（2）以下方法或工具有利于定位和修理间歇性故障或历史故障码的是（　　）。

　　A. 结合专业知识和可用的维修信息

　　B. 准确分析和判断客户描述的症状和状况

　　C. 使用有数据流记录功能的故障诊断仪、数字式万用表和示波器等检测设备

　　D. 以上都是

（3）如果诊断流程结束后未能找到问题所在,应（　　）。

　　A. 放弃维修

　　B. 大量更换配件进行验证

　　C. 向客户介绍车辆故障并不存在

　　D. 进行重新检查,必要时再次确认客户报修问题是否有误

（4）以下说法正确的是（　　）。

　　A. 新能源汽车发生故障时,失效保护模式就是无法上高压电

　　B. 不同的汽车制造厂商设计的故障等级和失效保护模式都相同

　　C. 新能源汽车故障可能会造成整车出现严重的安全事故,失效保护模式是车辆无法行驶和充电

　　D. 涉及动力蓄电池故障的都属于一级（非常严重）故障

（5）对故障车辆执行维修后检验（试车,必要时进行路试）,内容包括（　　）。

　　A. 仪表故障警告灯正常

　　B. 相关系统的控制单元没有存储故障码

新能源汽车常见故障诊断与排除任务工单

C. 执行器故障相关系统的功能工作正常

D. 以上都是

4. 简答题

(1) 如果纯电动汽车仪表红色的驱动电机故障警告灯点亮,其他系统故障警告灯正常,分析可能的故障原因。

(2) 简述新能源汽车故障诊断与传统汽车的区别。

任务评价

小组成员、教师分别对基本职业能力及任务完成结果进行综合考评,并根据《职业能力考评表》要求评分,学生自评/同组互评得分供教师考评参考,以教师评分为准。

任务评价表

评分	学生自评:_____分	同组互评:_____分	教师考评:_____分
学生个人总结		学生签名:	年 月 日
小组评语及建议		组长签名:	年 月 日
教师评语及建议		教师签名:	年 月 日

项目二　新能源汽车动力系统故障诊断与排除

任务1　动力蓄电池无法充电故障诊断与排除

学生姓名：_____　团队（小组）：_____　时间：_____年_____月_____日

📋 任务分析

本工作任务共有 2 个操作任务。

操作任务 1：编制新能源汽车充电连接指示灯不亮故障诊断与排除方案；

操作任务 2：实施新能源汽车充电连接指示灯不亮故障诊断与排除。

请根据任务要求，对小组成员进行合理分工，小组进行讨论，参考《工作计划表》的内容制订工作计划，并记录主要内容。

任务分析记录：_____
_____

📋 任务准备

参照《准备工作检查记录表》，阅读"安全须知"、检查并记录完成任务需要的场地、设备、工具及材料。

1."安全须知"阅读

请在操作之前认真阅读"安全须知"！□已阅读；□未阅读，原因：_____

2.场地清洁检查

场地清洁，无杂物。检查结果记录：_____

3.安全检查

无安全隐患。检查结果记录：_____

4.车辆、设备、工具及其他用品检查

本次实训需要的各种车辆、设备、工具及其他用品型号正确；数量正确；技术参数符合要求；功能正常；外观无损坏。检查结果记录：_____

新能源汽车常见故障诊断与排除任务工单

任务实施

提示：教师根据项目需要提前设置故障。

新能源汽车充电连接指示灯不亮故障诊断与排除实训要求

参考车型	实训车型	操作时间
大众 ID.4		120min

1. 编制新能源汽车充电连接指示灯不亮故障诊断与排除方案

1）接受工作任务，明确任务内容

本次工作任务：_____

2）编制故障诊断与排除方案

(1) 查阅《维修手册》及其他维修技术资料，画出充电口（交流和直流）端子内容示意图。

交流充电口端子内容示意图：

直流充电口端子内容示意图：

(2) 根据故障现象，分析故障可能产生的原因及理由，参照故障诊断与排除的作业流程及规范，制订充电连接指示灯不亮的故障检修方案，并画出故障诊断与排除流程图（参照教材表 2-1-2 及故障诊断与排除流程图样例）。

故障诊断与排除流程图：

提示：以"暖风系统不供暖或供暖不足"作为故障诊断与排除流程图格式参考样例，后续都参考样例。

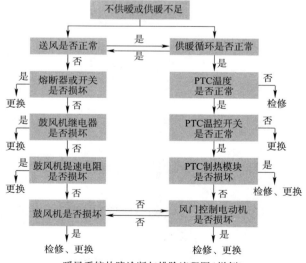

暖风系统故障诊断与排除流程图（样例）

2. 实施新能源汽车充电连接指示灯不亮故障诊断与排除

1)对故障车辆进行诊断并排除故障
(1)验证故障现象。
故障现象:_____
(2)使用诊断仪器读取故障码。
故障码内容及分析:_____
(3)检查充电器。
检查及处理结果:_____
(4)检查充电线路。
检查及处理结果:_____
(5)使用诊断仪器清除故障码。
检查及处理结果:_____
(6)确认故障排除。
检查及处理结果:_____

2)进行质量检验,确认故障排除
(1)自检合格后,填写"维修作业记录表"(维修工单)并签字确认,交付班组长或质检员进行质量检验。
技师自检结果及处理:_____
班组长检验结果及处理:_____
质检员检验结果及处理:_____
(2)在工作过程中遵循现场工作管理规范,完成"7S"管理规定。
异常记录:_____

课堂测试

1. 填空题

(1)当充电器连接到车辆充电插座后,组合仪表应点亮_____的充电连接指示灯。
(2)充电连接指示灯不亮的原因是车辆充电口_____充电器,车辆无法充电。
(3)充电系统通过 CC 与 PE 之间的电阻值来判断_____是否与_____完全连接。
(4)车辆充电系统通过 CP 的 PWM 脉冲占空比确认当前供电设备支持的_____。
(5)快充口_____端子为低压辅助电源正极,_____端子为低压辅助电源负极。

2. 判断题

(1)整车控制和通信有可能造成无法充电的故障。 ( )
(2)如果充电连接指示灯不亮,说明充电连接不正常。 ( )
(3)当充电器连接到充电口后,组合仪表应点亮绿色的充电连接指示灯。 ( )
(4)大众 ID.4 纯电动汽车充电口端子的内容与其他车型不一致。 ( )
(5)车载充电机故障一般不会造成直流快充无法充电。 ( )

3. 单项选择题

(1) 以下会造成交流和直流都不能充电的原因是( )。
　　A. 车载充电机故障　　　　　　B. 交流充电口线束断路
　　C. 直流充电通信不匹配　　　　D. 动力蓄电池内部故障

(2) 随车配置的 3.3kW 充电器 CC 与 PE 之间的电阻值为( )。
　　A. 0Ω　　　　B. 330Ω　　　　C. 680Ω　　　　D. 无穷大

(3) 交流充电时,车辆充电系统确认当前供电设备支持的最大充电电流的端子是( )。
　　A. CC　　　　B. CP　　　　C. L　　　　D. PE

(4) 直流充电口与车载网络 CAN-H、CAN-L 总线连接的是( )。
　　A. DC+、DC-　　B. S+、S-　　C. A+、A-　　D. CC1、CC2

(5) 大众 ID.4 纯电动汽车交流充电口 CC 端子线路断路,造成的故障现象是( )。
　　A. 充电器连接时充电连接指示灯不亮
　　B. 车辆无法交流充电
　　C. 高压蓄电池充电装置存储故障码
　　D. 以上都是

4. 简答/思考题

(1) 简述新能源汽车充电系统检修注意事项。

(2) 思考:如果车辆能够进行交流充电,但不能进行直流充电,故障原因有哪些?

任务评价

小组成员、教师分别对基本职业能力及任务完成结果进行综合考评,并根据《职业能力考评表》要求评分,学生自评/同组互评得分供教师考评参考,以教师评分为准。

任务评价表

评分	学生自评:_____分	同组互评:_____分	教师考评:_____分
学生个人总结			学生签名:　　年　月　日
小组评语及建议			组长签名:　　年　月　日
教师评语及建议			教师签名:　　年　月　日

任务2　动力系统无法上电故障诊断与排除

学生姓名：_____　团队(小组)：_____　时间：____年____月____日

📓 任务分析

本工作任务共有2个操作任务：

操作任务1：编制新能源汽车"READY"准备就绪指示灯不亮故障诊断与排除方案；

操作任务2：实施新能源汽车"READY"准备就绪指示灯不亮故障诊断与排除。

请根据任务要求，对小组成员进行合理分工，小组进行讨论，参考《工作计划表》的内容制订工作计划，并记录主要内容。

任务分析记录：_____

📓 任务准备

参照《准备工作检查记录表》，阅读"安全须知"、检查并记录完成任务需要的场地、设备、工具及材料。

1. "安全须知"阅读

请在操作之前认真阅读"安全须知"！□已阅读；□未阅读，原因：_____

2. 场地清洁检查

场地清洁，无杂物。检查结果记录：_____

3. 安全检查

无安全隐患。检查结果记录：_____

4. 车辆、设备、工具及其他用品检查

本次实训需要的各种车辆、设备、工具及其他用品型号正确；数量正确；技术参数符合要求；功能正常；外观无损坏。检查结果记录：_____

📓 任务实施

提示：教师根据项目需要提前设置故障。

新能源汽车"READY"准备就绪指示灯不亮故障诊断与排除实训要求

参考车型	实训车型	操作时间
大众 ID.4		120min

新能源汽车常见故障诊断与排除任务工单

1. 编制新能源汽车"READY"准备就绪指示灯不亮故障诊断与排除方案

1)接受工作任务,明确任务内容

本次工作任务:_____

2)编制故障诊断与排除方案

(1)查阅《维修手册》及其他维修技术资料,画出整车控制器 VCU(发动机控制单元 J623)电源相关的电路图和高压导线连接示意图。

J623 电源相关电路图:

高压导线连接示意图:

(2)根据故障现象,分析故障可能产生的原因及理由,参照故障诊断与排除的作业流程及规范,制订"READY"准备就绪指示灯不亮的故障检修方案,并画出故障诊断与排除流程图(参照教材表 2-2-2)。

故障诊断与排除流程图:

2. 实施新能源汽车"READY"准备就绪指示灯不亮故障诊断与排除

1)对故障车辆进行诊断并排除故障

(1)验证故障现象。

故障现象:_____

(2)使用诊断仪器读取故障码。

故障码内容及分析:_____

(3)检查动力系统高压、低压线束。

检查及处理结果:_____

(4)使用诊断仪器清除故障码。

检查及处理结果:_____

(5)确认故障排除。

检查及处理结果:_____

2)进行质量检验,确认故障排除

(1)自检合格后,填写"维修作业记录表"(维修工单)并签字确认,交付班组长或质检员进行质量检验。

技师自检结果及处理:_____

班组长检验结果及处理:_____

质检员检验结果及处理:_____

(2)在工作过程中遵循现场工作管理规范,完成"7S"管理规定。

异常记录:_____

课堂测试

1. 填空题

(1)进行新能源汽车整车控制系统故障检修时,必须根据整车_____,以及各部件的检测方法,然后根据故障诊断与排除流程操作。

(2)整车控制器 VCU 及整车控制系统组成部件的检查主要包括_____检查,以及使用故障诊断仪读取_____和分析_____。

(3)当点火开关接通到起动挡后,如果整车控制系统_____,组合仪表应点亮_____色的"READY"准备就绪指示灯。

(4)大众 ID.4 纯电动汽车的高压蓄电池(动力蓄电池)代号是_____。

(5)在工作过程中遵循_____管理规范,完成"7S"管理规定。

2. 判断题

(1)新能源汽车起动时,如果"READY"指示灯不亮,说明高压系统无法上电。( )

(2)新能源汽车整车控制系统各子系统之间通过硬线进行信息传送。( )

(3)低压蓄电池电压不会影响整车高压电上电。( )

(4)大众 ID.4 纯电动汽车"READY"指示灯为黄色。( )

(5)如果高压系统接插件被断开,整车控制系统无法上高压电。( )

3. 单项选择题

(1)以下会造成整车无法上高压电的原因是( )。
  A.整车控制器损坏   B.点火开关 ON 挡信号不良
  C.制动开关信号不良   D.以上都是

(2)动力蓄电池管理系统 BMS 和驱动电机控制器 MCU 唤醒信号来自( )。
  A.点火开关   B.挡位开关   C.制动开关   D.整车控制器 VCU

(3)大众 ID.4 纯电动汽车 J623 电源来自( )保险丝。
  A.SA22   B.SB22   C.SC22   D.以上都不是

(4)大众 ID.4 纯电动汽车电路途中,AX1 代号对应的是( )。
  A.高压蓄电池充电单元   B.电压转换器
  C.高压蓄电池   D.充电插座

(5) 大众 ID.4 纯电动汽车动力蓄电池输出的高压断路,造成的故障现象是( )。

  A. 组合仪表点亮动力系统故障指示灯

  B. 车辆无法上高压电

  C. 相关控制单元存储故障码

  D. 以上都是

4. 简答/思考题

(1) 简述新能源汽车整车控制系统检修注意事项。

(2) 思考:如果高压导线绝缘电阻过低(漏电),车辆会有哪些故障现象?

任务评价

小组成员、教师分别对基本职业能力及任务完成结果进行综合考评,并根据《职业能力考评表》要求评分,学生自评/同组互评得分供教师考评参考,以教师评分为准。

任务评价表

评分	学生自评:_____分	同组互评:_____分	教师考评:_____分
学生个人总结		学生签名:	年　月　日
小组评语及建议		组长签名:	年　月　日
教师评语及建议		教师签名:	年　月　日

任务3 电驱动系统无法驱动故障诊断与排除

学生姓名：_____ 团队(小组)：_____ 时间：_____年_____月_____日

📋 任务分析

本工作任务共有2个操作任务。

操作任务1：编制新能源汽车驱动电机不运转故障诊断与排除方案；

操作任务2：实施新能源汽车驱动电机不运转故障诊断与排除。

请根据任务要求，对小组成员进行合理分工，小组进行讨论，参考《工作计划表》的内容制订工作计划，并记录主要内容。

任务分析记录：_____

_____

📋 任务准备

参照《准备工作检查记录表》，阅读"安全须知"、检查并记录完成任务需要的场地、设备、工具及材料。

1. "安全须知"阅读

请在操作之前认真阅读"安全须知"！□已阅读；□未阅读，原因：_____

2. 场地清洁检查

场地清洁，无杂物。检查结果记录：_____

3. 安全检查

无安全隐患。检查结果记录：_____

4. 车辆、设备、工具及其他用品检查

本次实训需要的各种车辆、设备、工具及其他用品型号正确；数量正确；技术参数符合要求；功能正常；外观无损坏。检查结果记录：_____

📋 任务实施

提示：教师根据项目需要提前设置故障。

新能源汽车驱动电机不运转故障诊断与排除实训要求

参考车型	实训车型	操作时间
大众ID.4		120min

新能源汽车常见故障诊断与排除任务工单

1. 编制新能源汽车驱动电机不运转故障诊断与排除方案

1）接受工作任务，明确任务内容

本次工作任务：_____

2）编制故障诊断与排除方案

（1）查阅《维修手册》及其他维修技术资料，画出电驱动系统相关的电路图（加速踏板位置传感器部分）。

电驱动系统相关电路图：

（2）根据故障现象，分析故障可能产生的原因及理由，参照故障诊断与排除的作业流程及规范，制订新能源汽车驱动电机不运转的故障检修方案，并画出故障诊断与排除流程图（参照教材表 2-3-2）。

故障诊断与排除流程图：

2. 实施新能源汽车驱动电机不运转故障诊断与排除

1）对故障车辆进行诊断并排除故障

（1）验证故障现象。

故障现象：_____

（2）使用诊断仪器读取故障码。

故障码内容及分析：_____

（3）检查加速踏板位置传感器及线束。

检查及处理结果：_____

（4）检查电驱动系统部件及高压、低压线束。

检查及处理结果：_____

（5）使用诊断仪器清除故障码。

检查及处理结果：_____

（6）确认故障排除。

检查及处理结果：_____

2）进行质量检验，确认故障排除

（1）自检合格后，填写"维修作业记录表"（维修工单）并签字确认，交付班组长或质检员进行质量检验。

技师自检结果及处理：_____
班组长检验结果及处理：_____
质检员检验结果及处理：_____
（2）在工作过程中遵循现场工作管理规范，完成"7S"管理规定。
异常记录：_____

课堂测试

1. 填空题

（1）整车控制器 VCU 及整车控制系统组成部件故障，会造成动力系统_____，也将导致_____无法驱动车辆。

（2）电机转子具有强磁性，电机除_____外，其余零部件禁止拆装。

（3）当新能源汽车点火开关接通到起动挡后，如果高压上电正常，但换入行驶挡位后车辆无法行驶，说明_____系统不正常，应进行检修。

（4）根据电路图，大众 ID.4 纯电动汽车的加速踏板位置传感器信号发动到_____。

（5）高压系统故障诊断与排除过程中严格遵守_____。

2. 判断题

（1）纯电动汽车驱动电机不运转，一定是电机损坏。　　　　　　　　　（　　）
（2）电机控制器无三相交流输出，应更换电机控制器。　　　　　　　　（　　）
（3）变速驱动机构机械故障，会造成车辆无法行驶。　　　　　　　　　（　　）
（4）大众 ID.4 纯电动汽车加速踏板位置传感器信号发送到电机控制器。（　　）
（5）如果纯电动汽车驱动电机旋变传感器损坏，会造成车辆无法行驶。 （　　）

3. 单项选择题

（1）以下会造成纯电动汽车无法行驶的原因是（　　）。
　　A. 驱动电机控制器损坏　　　　B. 高压系统绝缘电阻过低
　　C. 驱动电机损坏　　　　　　　D. 以上都是

（2）以下不会造成纯电动汽车运行中功率不足的是（　　）。
　　A. 动力蓄电池电量不足　　　　B. 加速踏板位置传感器信号错误
　　C. 变速驱动机构异响　　　　　D. 整车控制器 VCU 存储重要故障码

（3）大众 ID.4 纯电动汽车加速踏板位置传感器线束有（　　）条导线。
　　A. 3　　　　　B. 4　　　　　C. 5　　　　　D. 6

（4）大众 ID.4 纯电动汽车电路图中，GX2 代号对应的是（　　）。
　　A. 高压蓄电池充电单元　　　　B. 车载电网控制单元
　　C. 高压蓄电池　　　　　　　　D. 加速踏板模块

（5）大众 ID.4 纯电动汽车加速踏板位置传感器断路，造成的故障现象是（　　）。
　　A. 组合仪表点亮动力系统故障指示灯
　　B. 警报喇叭鸣叫

C. 车辆无法行驶

D. 以上都是

4. 简答/思考题

（1）简述新能源汽车电驱动系统检修注意事项。

（2）思考：如果纯电动汽车加速踏板位置传感器 2 条信号线有 1 条断路，车辆会有哪些故障现象？

任务评价

小组成员、教师分别对基本职业能力及任务完成结果进行综合考评，并根据《职业能力考评表》要求评分，学生自评/同组互评得分供教师考评参考，以教师评分为准。

任务评价表

评分	学生自评：_____分	同组互评：_____分	教师考评：_____分
学生个人总结		学生签名： 年 月 日	
小组评语及建议		组长签名： 年 月 日	
教师评语及建议		教师签名： 年 月 日	

任务4　热管理系统温度过高故障诊断与排除

学生姓名：_____　团队(小组)：_____　时间：_____年____月____日

📓 任务分析

本工作任务共有2个操作任务。

操作任务1：编制新能源汽车冷却液不足警告灯亮故障诊断与排除方案；

操作任务2：实施新能源汽车冷却液不足警告灯亮故障诊断与排除。

请根据任务要求，对小组成员进行合理分工，小组进行讨论，制订工作计划(包括流程/工序、责任人、工作内容简述及注意事项)，并记录。

任务分析记录：_____

_____

📓 任务准备

参照《准备工作检查记录表》，阅读"安全须知"、检查并记录完成任务需要的场地、设备、工具及材料。

1. "安全须知"阅读

请在操作之前认真阅读"安全须知"！□已阅读；□未阅读，原因：_____

2. 场地清洁检查

场地清洁，无杂物。检查结果记录：_____

3. 安全检查

无安全隐患。检查结果记录：_____

4. 车辆、设备、工具及其他用品检查

本次实训需要的各种车辆、设备、工具及其他用品型号正确；数量正确；技术参数符合要求；功能正常；外观无损坏。检查结果记录：_____

📓 任务实施

提示：教师根据项目需要提前设置故障。

新能源汽车冷却液不足警告灯亮故障诊断与排除实训要求

参考车型	实训车型	操作时间
大众ID.4		120min

新能源汽车常见故障诊断与排除任务工单

1. 编制新能源汽车冷却液不足警告灯亮故障诊断与排除方案

1）接受工作任务，明确任务内容

本次工作任务：_____

2）编制故障诊断与排除方案

（1）查阅《维修手册》及其他维修技术资料，画出热管理系统相关的电路图（冷却液不足显示传感器部分）。

热管理系统相关电路图：

（2）根据故障现象，分析故障可能产生的原因及理由，参照故障诊断与排除的作业流程及规范，制订新能源汽车冷却液不足警告灯亮的故障检修方案，并画出故障诊断与排除流程图（参照教材表2-4-2）。

故障诊断与排除流程图：

2. 实施新能源汽车冷却液不足警告灯亮故障诊断与排除

1）对故障车辆进行诊断并排除故障

（1）验证故障现象。

故障现象：_____

（2）使用诊断仪器读取故障码。

故障码内容及分析：_____

（3）检查冷却液的液位。

检查及处理结果：_____

（4）检查热管理系统管路、部件及线束。

检查及处理结果：_____

（5）冷却循环系统管路排气。

检查及处理结果：_____

（6）使用诊断仪器清除故障码。

检查及处理结果：_____

（7）确认故障排除。

检查及处理结果：_____

2)进行质量检验,确认故障排除

(1)自检合格后,填写"维修作业记录表"(维修工单)并签字确认,交付班组长或质检员进行质量检验。

技师自检结果及处理:＿＿＿＿＿＿＿＿＿＿＿＿＿＿＿＿＿＿＿＿＿＿＿＿＿＿＿＿＿

班组长检验结果及处理:＿＿＿＿＿＿＿＿＿＿＿＿＿＿＿＿＿＿＿＿＿＿＿＿＿＿＿

质检员检验结果及处理:＿＿＿＿＿＿＿＿＿＿＿＿＿＿＿＿＿＿＿＿＿＿＿＿＿＿＿

(2)在工作过程中遵循现场工作管理规范,完成"7S"管理规定。

异常记录:＿＿＿＿＿＿＿＿＿＿＿＿＿＿＿＿＿＿＿＿＿＿＿＿＿＿＿＿＿＿＿＿＿＿

课堂测试

1. 填空题

(1)如果热管理系统工作不良,新能源汽车会出现＿＿＿＿＿＿＿行驶甚至＿＿＿＿＿＿＿行驶的故障。

(2)大多数汽车制造商建议使用＿＿＿＿＿＿＿冷却液,纯电动汽车还需要使用＿＿＿＿＿＿＿的冷却液。

(3)新能源汽车热管理系统根据故障原因不同,组合仪表还可能点亮＿＿＿＿＿＿＿故障警告灯、＿＿＿＿＿＿＿故障警告灯、驱动电机过热故障警告灯或其他热管理系统相关的故障警告灯。

(4)根据电路图,大众 ID.4 纯电动汽车的冷却液不足传感器信号发送到＿＿＿＿＿＿＿。

(5)新能源汽车冷却液加注完成后,应使用诊断仪进行冷却系统管路＿＿＿＿＿＿＿操作。

2. 判断题

(1)新能源汽车的热管理系统只包括驱动电机及控制器冷却系统。（　　）

(2)新能源汽车采用高电压驱动的散热器风扇。（　　）

(3)新能源汽车热管理系统冷却液没有特殊要求。（　　）

(4)大众 ID.4 纯电动汽车冷却液不足警告灯为红色。（　　）

(5)冷却液的液位规定位置是"MAX"和"MIN"之间。（　　）

3. 单项选择题

(1)以下会造成纯电动汽车热管理系统温度过高的原因是(　　)。

　　A.冷却液不足　　　　　　　　B.冷却液循环系统工作不良

　　C.散热风扇损坏　　　　　　　D.以上都是

(2)以下说法不正确的是(　　)。

　　A.新能源汽车热管理系统电动水泵采用低压电源

　　B.冷却液不足显示传感器故障会造成冷却系统故障警告灯点亮

　　C.热管理系统只是起冷却作用

　　D.新能源汽车热管理系统冷却液与传统汽车不能混用

(3)大众 ID.4 纯电动汽车冷却液不足显示传感器代号是(　　)。

　　A. J519　　　　B. G42　　　　C. G32　　　　D. G23

(4)大众 ID.4 纯电动汽车冷却液不足监控模块是(　　)。
  A. 组合仪表　　　　　　　　B. 中央电气电子装置(车载电网控制单元)
  C. 高压蓄电池 BMS　　　　　D. 整车控制器 VCU

(5)大众 ID.4 纯电动汽车热管理系统不工作,可能造成的故障现象是(　　)。
  A. 驱动电机及控制器、动力蓄电池过热
  B. 相关控制单元存储故障码,点亮故障警告灯
  C. 车辆限速行驶或无法行驶
  D. 以上都是

4. 简答/思考题

(1)简述新能源汽车热管理系统检修注意事项。

(2)思考:如果有人错把自来水加到纯电动汽车热管理系统的冷却液循环管路中,可能造成什么后果?如果是传统车型的防冻液呢?

任务评价

小组成员、教师分别对基本职业能力及任务完成结果进行综合考评,并根据《职业能力考评表》要求评分,学生自评/同组互评得分供教师考评参考,以教师评分为准。

任务评价表

评分	学生自评:_____分	同组互评:_____分	教师考评:_____分
学生个人总结			学生签名:　　　年　　月　　日
小组评语及建议			组长签名:　　　年　　月　　日
教师评语及建议			教师签名:　　　年　　月　　日

项目三　新能源汽车车载网络和高级驾驶辅助系统(ADAS)故障诊断与排除

任务1　车载网络系统通信故障诊断与排除

学生姓名：_____　团队(小组)：_____　时间：_____年_____月_____日

📓 任务分析

本工作任务共有2个操作任务。

操作任务1：编制新能源汽车车载网络系统不通信故障诊断与排除方案；

操作任务2：实施新能源汽车车载网络系统不通信故障诊断与排除。

请根据任务要求，对小组成员进行合理分工，小组进行讨论，参考《工作计划表》的内容制订工作计划，并记录主要内容。

任务分析记录：_____

_____

📓 任务准备

参照《准备工作检查记录表》，阅读"安全须知"、检查并记录完成任务需要的场地、设备、工具及材料。

1. "安全须知"阅读

请在操作之前认真阅读"安全须知"！□已阅读；□未阅读，原因：_____

2. 场地清洁检查

场地清洁，无杂物。检查结果记录：_____

3. 安全检查

无安全隐患。检查结果记录：_____

4. 车辆、设备、工具及其他用品检查

本次实训需要的各种车辆、设备、工具及其他用品型号正确；数量正确；技术参数符合要求；功能正常；外观无损坏。检查结果记录：_____

 新能源汽车常见故障诊断与排除任务工单

 任务实施

提示：教师根据项目需要提前设置故障。

新能源汽车车载网络系统不通信故障诊断与排除实训要求

参考车型	实训车型	操作时间
大众ID.4		120min

1. 编制新能源汽车车载网络系统不通信故障诊断与排除方案

1）接受工作任务，明确任务内容

本次工作任务：_____

2）编制故障诊断与排除方案

（1）查阅《维修手册》及其他维修技术资料，画出组合仪表供电电源、搭铁相关的电路图。

组合仪表供电电源、搭铁电路简图：

（2）根据故障现象，分析故障可能产生的原因及理由，参照故障诊断与排除的作业流程及规范，制订车载网络系统不通信的故障检修方案，并画出故障诊断与排除流程图（参照教材表3-1-2）。

故障诊断与排除流程图：

2. 实施新能源汽车车载网络系统不通信故障诊断与排除

1）对故障车辆进行诊断并排除故障

（1）验证故障现象。

故障现象：_____

（2）检查低压蓄电池。

检查及处理结果：_____

（3）检查组合仪表熔断丝。

检查及处理结果：_____

（4）组合仪表系统控制单元故障码读取和清除。

检查及处理结果：_____

（5）确认故障排除。
检查及处理结果：_____
2）进行质量检验，确认故障排除
（1）自检合格后，填写"维修作业记录表"（维修工单）并签字确认，交付班组长或质检员进行质量检验。
技师自检结果及处理：_____
班组长检验结果及处理：_____
质检员检验结果及处理：_____
（2）在工作过程中遵循现场工作管理规范，完成"7S"管理规定。
异常记录：_____

课堂测试

1. 填空题

（1）在维修总线时为了屏蔽干扰，尽可能少_____，并且维修点之间的距离应保持至少_____。

（2）车载网络系统不能与诊断仪器通信时，应判断是_____控制单元都无法通信还是只有_____控制单元无法通信。

（3）车辆诊断座（数据诊断接口）的 CAN-H 是针脚_____号，CAN-L 是针脚_____号。

（4）检修过程中，如果故障码不能清除，说明_____，应检修相关的系统。

（5）自检合格后，填写《维修作业记录表》（维修工单）并签字确认，交付_____进行质量检验。

2. 判断题

（1）新能源汽车车载网络系统的功能、结构原理与传统汽车区别很大。　　　（　　）
（2）新能源汽车的控制单元通过 CAN 总线进行通信，某个控制单元发生故障时，其他控制单元或系统会受到影响。　　　（　　）
（3）车载网络系统终端电阻正常电阻值为 60Ω 左右。　　　（　　）
（4）组合仪表点亮多个故障指示灯，一定是这些系统发生故障。　　　（　　）
（5）大众 ID.4 纯电动汽车数据总线接口熔断丝位于前机舱熔断丝架 A 内。　　　（　　）

3. 单项选择题

（1）进行车载网络系统的检修，需要的诊断工具包括（　　）。
　　A. 能进行 CAN 数据总线故障检测的诊断仪器
　　B. 汽车专用电表、示波器
　　C. 相关车型车载网络系统结构图、线路图
　　D. 以上都是

（2）全部控制单元不能和诊断仪器通信，故障可能原因是（　　）。

　　　　A. 诊断仪器不良　　B. 车辆诊断座　　C. 网关及线路　　D. 以上都是

（3）根据大众 ID.4 纯电动汽车数据总线接口电路图，诊断座针脚 15 号连接到(　　)。

　　　　A. 电源　　　　　　　　　　　　B. 搭铁
　　　　C. 安全气囊控制单元　　　　　　D. 组合仪表

（4）大众 ID.4 纯电动汽车数据总线接口，在打开点火开关时，使用万用表检测车辆诊断座 CAN-H 和 CAN-L 电压，通信信号正常时电压值为(　　)。

　　　　A. 0V　　　　　B. 2.5V　　　　　C. 5V　　　　　D. 12V

（5）组合仪表中多个控制单元故障指示灯点亮，但这些控制单元能够与诊断仪器通信，故障原因最可能是(　　)。

　　　　A. 共同电源、搭铁故障
　　　　B. 网关故障
　　　　C. 某个控制单元出现故障影响其他相关的系统
　　　　D. 这些控制单元都损坏

4. 简答/思考题

（1）简述新能源汽车车载网络系统故障检修注意事项。

（2）思考：如果大众 ID.4 纯电动汽车某个控制单元不能与诊断仪器通信，如何进行故障诊断？

任务评价

小组成员、教师分别对基本职业能力及任务完成结果进行综合考评，并根据《职业能力考评表》要求评分，学生自评/同组互评得分供教师考评参考，以教师评分为准。

任务评价表

评分	学生自评：_____分	同组互评：_____分	教师考评：_____分
学生个人总结		学生签名：　　年　　月　　日	
小组评语及建议		组长签名：　　年　　月　　日	
教师评语及建议		教师签名：　　年　　月　　日	

任务 2　高级驾驶辅助系统（ADAS）典型故障诊断与排除

学生姓名：_____　团队（小组）：_____　时间：_____年_____月_____日

📖 任务分析

本工作任务共有 2 个操作任务。

操作任务 1：编制新能源汽车 ADAS 典型故障诊断与排除方案；

操作任务 2：实施新能源汽车 ADAS 典型故障诊断与排除。

请根据任务要求，对小组成员进行合理分工，小组进行讨论，参考《工作计划表》的内容制订工作计划，并记录主要内容。

任务分析记录：_____

_____

📖 任务准备

参照《准备工作检查记录表》，阅读"安全须知"、检查并记录完成任务需要的场地、设备、工具及材料。

1."安全须知"阅读

请在操作之前认真阅读"安全须知"！□已阅读；□未阅读，原因：_____

2. 场地清洁检查

场地清洁，无杂物。检查结果记录：_____

3. 安全检查

无安全隐患。检查结果记录：_____

4. 车辆、设备、工具及其他用品检查

本次实训需要的各种车辆、设备、工具及其他用品型号正确；数量正确；技术参数符合要求；功能正常；外观无损坏。检查结果记录：_____

📖 任务实施

提示 1：教师根据项目需要提前设置故障。

提示 2：可以根据车辆配置及课时，选择合适的 ADAS 子系统进行实训。

新能源汽车常见故障诊断与排除任务工单

新能源汽车 ADAS 典型故障诊断与排除实训要求

参考车型	实训车型	操作时间
大众 ID.4		120min

1. 编制新能源汽车 ADAS 典型故障诊断与排除方案

1）接受工作任务，明确任务内容

本次工作任务：_____

2）编制故障诊断与排除方案

（1）查阅《维修手册》及其他维修技术资料，画出 ADAS 各子系统相关的电路图。

①自适应巡航控制系统定速巡航开关电路简图：

②车道保持辅助系统前部摄像头电路简图：

③车前测距监控系统控制单元电路简图：

④驻车辅助系统前部摄像头电路简图：

（2）根据故障现象，分析故障可能产生的原因及理由，参照故障诊断与排除的作业流程及规范，制订 ADAS 系统各子系统典型的故障检修方案，并画出故障诊断与排除流程图（参照教材表 3-2-5～表 3-2-8）。

①自适应巡航控制系统故障诊断与排除流程图：

② 车道保持辅助系统故障诊断与排除流程图:

③ 车前测距监控系统故障诊断与排除流程图:

④ 驻车辅助系统故障诊断与排除流程图:

2. 实施新能源汽车 ADAS 典型故障诊断与排除
1)对故障车辆进行自适应巡航控制系统不可用故障诊断并排除故障
(1)验证故障现象。
故障现象:＿＿＿＿＿＿＿＿＿＿＿＿＿＿＿＿＿＿＿＿＿＿＿＿＿＿＿＿＿＿
(2)检查 ACC 系统设置。
检查及处理结果:＿＿＿＿＿＿＿＿＿＿＿＿＿＿＿＿＿＿＿＿＿＿＿＿＿＿
(3)检查 ADAS 雷达传感器。
检查及处理结果:＿＿＿＿＿＿＿＿＿＿＿＿＿＿＿＿＿＿＿＿＿＿＿＿＿＿
(4)检查 ACC 系统设置开关。
检查及处理结果:＿＿＿＿＿＿＿＿＿＿＿＿＿＿＿＿＿＿＿＿＿＿＿＿＿＿
(5)ACC 系统及相关系统控制单元故障码读取和清除。
检查及处理结果:＿＿＿＿＿＿＿＿＿＿＿＿＿＿＿＿＿＿＿＿＿＿＿＿＿＿
(6)确认故障排除。
检查及处理结果:＿＿＿＿＿＿＿＿＿＿＿＿＿＿＿＿＿＿＿＿＿＿＿＿＿＿

2)对故障车辆进行车道保持辅助系统不可用故障诊断并排除故障

(1)验证故障现象。

故障现象：_____

(2)检查车道保持辅助系统设置。

检查及处理结果：_____

(3)检查 ADAS 摄像头。

检查及处理结果：_____

(4)车道保持辅助系统及相关系统控制单元故障码读取和清除。

检查及处理结果：_____

(5)确认故障排除。

检查及处理结果：_____

3)对故障车辆进行车前测距监控系统不可用故障诊断并排除故障

(1)验证故障现象。

故障现象：_____

(2)检查车前测距监控系统设置。

检查及处理结果：_____

(3)检查 ADAS 雷达传感器和摄像头。

检查及处理结果：_____

(4)车前测距监控系统及相关系统控制单元故障码读取和清除。

检查及处理结果：_____

(5)确认故障排除。

检查及处理结果：_____

4)对故障车辆进行后视影像系统无法显示故障诊断并排除故障

(1)验证故障现象。

故障现象：_____

(2)检查驻车辅助系统设置按钮。

检查及处理结果：_____

(3)检查驻车辅助系统后部雷达传感器和摄像头。

检查及处理结果：_____

(4)驻车辅助系统及相关系统控制单元故障码读取和清除。

检查及处理结果：_____

(5)确认故障排除。

检查及处理结果：_____

5)进行质量检验,确认故障排除

(1)自检合格后,填写"维修作业记录表"(维修工单)并签字确认,交付班组长或质检员进行质量检验。

技师自检结果及处理：_____

班组长检验结果及处理：_____

质检员检验结果及处理：_____

（2）在工作过程中遵循现场工作管理规范，完成"7S"管理规定。

异常记录：_____

课堂测试

1. 填空题

（1）新能源汽车 ADAS 是指通过安装在车辆上的_____、通信、_____及执行等装置，监测驾驶人、车辆及行驶环境，并通过影像、灯光、声音、触觉提示、警告或控制等方式辅助驾驶员执行驾驶任务或_____危害的各类系统的总称。

（2）ACC 系统工作期间，驾驶员务必随时准备通过_____或_____自行操控车辆。

（3）车道保持辅助系统通过安装在前风窗上的_____探测车道_____。

（4）如果车道保持辅助系统不可用警告灯亮，系统_____进入工作状态，但通常对车辆其他系统_____有影响。

（5）车前测距监控系统可以识别潜在的_____并发出相应警告，该系统还可以在制动时提供支持，并能_____车辆。

（6）车前测距监控系统可能会在复杂的行驶状况下进行不必要的_____和不必要的制动干预，例如出现_____时。

（7）车前测距监控系统组成部件为精密电子部件，出现故障应_____。

（8）驻车辅助系统包括泊车雷达系统、_____系统、全景影像系统及_____系统。

（9）当车辆快速接近障碍物时，驻车辅助系统可能因响应时间_____而_____发出警告信息。

（10）在没有路缘的停车场内使用驻车辅助系统时，车辆与墙壁或建筑物至少保持_____cm 的距离以避免车辆损坏。

2. 判断题

（1）自适应巡航控制系统不可用警告灯为黄色。（　　）

（2）使用自适应巡航控制系统在高速公路上行驶时，驾驶人不需要操控车辆。（　　）

（3）自适应巡航控制系统的正常工作时，制动系统可能自动工作。（　　）

（4）使用车道保持辅助系统在高速公路上行驶时，驾驶人仍须集中精力观察道路及交通状况，谨防引发事故。（　　）

（5）车道保持辅助系统发生故障后，车辆将无法行驶。（　　）

（6）摄像头正常是车道保持辅助系统的正常工作的必要条件。（　　）

（7）车前测距监控系统工作时，可完全依赖系统避免与前车碰撞。（　　）

（8）车距调节控制单元通过 LIN 总线与其他控制单元通信。（　　）

（9）车辆后部加装件、牌照支架装饰框或标签可能影响驻车影像系统工作。（　　）

（10）驻车辅助系统工作时，可完全信赖摄像头的显示。（　　）

3. 单项选择题

（1）自适应巡航系统无法工作的原因包括（　　）。
　　　A. 雷达传感器损坏　　　　　　　B. 自适应巡航系统设置错误
　　　C. ABS 等相关控制系统故障　　　D. 以上都是

（2）大众 ID.4 纯电动汽车巡航系统设置开关位于（　　）。
　　　A. 组合仪表上　　B. 转向盘左侧　　C. 转向盘右侧　　D. 中控台上

（3）以下不是自适应巡航控制系统未按要求工作的原因是（　　）。
　　　A. 雷达传感器脏污　　　　　　　B. ACC 系统使用条件未达到
　　　C. 制动系统摩擦片噪声大　　　　D. 制动系统工作不良

（4）大众 ID.4 纯电动汽车巡航设置开关信号发送到（　　）。
　　　A. 整车控制器 VCU　　　　　　　B. 转向柱电子装置控制单元
　　　C. 安全气囊控制单元　　　　　　D. 组合仪表

（5）大众 ID.4 纯电动汽车前部 ADAS 雷达传感器有（　　）。
　　　A. 2 个　　　　　B. 4 个　　　　　C. 6 个　　　　　D. 8 个

（6）车道保持辅助系统无法工作的原因包括（　　）。
　　　A. 摄像头损坏　　　　　　　　　B. 车道保持辅助系统工作条件为达到
　　　C. ADAS 相关控制系统故障　　　 D. 以上都是

（7）大众 ID.4 纯电动汽车主要传感器是（　　）。
　　　A. 毫米波雷达　　B. 碰撞传感器　　C. 摄像头　　　　D. 超声波雷达

（8）以下不是车道保持辅助系统未按要求工作的原因是（　　）。
　　　A. 摄像头脏污　　　　　　　　　B. 车道保持辅助系统使用条件未达到
　　　C. 前照灯不亮　　　　　　　　　D. 电动转向系统工作不良

（9）大众 ID.4 纯电动汽车 ADAS 前部摄像头信号发送到（　　）。
　　　A. 整车控制器 VCU　　　　　　　B. 转向柱电子装置控制单元
　　　C. 数据总线诊断接口　　　　　　D. 组合仪表

（10）大众 ID.4 纯电动汽车车道保持辅助系统摄像头电源来自（　　）。
　　　A. 高压蓄电池　　B. 熔断丝架 SC　C. 诊断接口　　　D. 充电接口

（11）车前测距监控系统无法工作的原因包括（　　）。
　　　A. 摄像头损坏　　　　　　　　　B. 雷达传感器损坏
　　　C. ADAS 相关控制系统故障　　　 D. 以上都是

（12）大众 ID.4 纯电动汽车车前测距监控系统警告灯颜色是（　　）。
　　　A. 白色　　　　　B. 黄色　　　　　C. 红色　　　　　D. 白色和黄色

（13）以下不是车前测距监控系统未按要求工作的原因是（　　）。
　　　A. 摄像头脏污　　　　　　　　　B. 雷达传感器安装不当
　　　C. ADAS 相关系统故障　　　　　 D. 突然出现障碍物

（14）大众 ID.4 纯电动汽车车距调节控制单元电源来自（　　）。
　　　A. 熔断丝架 SA　 B. 熔断丝架 SB　 C. 熔断丝架 SC　 D. 高压蓄电池

(15)大众ID.4纯电动汽车车前测距监控系统摄像头电源来自(　　)。
　　A. 高压蓄电池　　B. 熔断丝架SC　　C. 诊断接口　　D. 充电接口
(16)驻车辅助系统不按预期工作的原因包括(　　)。
　　A. 摄像头脏污　　　　　　　　B. 雷达传感器受到干扰
　　C. 工作前提条件未满足　　　　D. 以上都是
(17)大众ID.4纯电动汽车倒车影像摄像头安装在(　　)。
　　A. 后保险杠上　　　　　　　　B. 行李舱盖门把手上
　　C. 后风窗玻璃上　　　　　　　D. 后车标上
(18)大众ID.4纯电动汽车设置按键位于(　　)。
　　A. 组合仪表上　　B. 转向盘上　　C. 中控台上　　D. 熔断丝架上
(19)大众ID.4纯电动汽车电路图上倒车摄像头代号为(　　)。
　　A. EX37　　　　B. J772　　　　C. R189　　　　D. V432
(20)大众ID.4纯电动汽车倒车摄像头信号传输到(　　)。
　　A. 组合仪表　　　　　　　　　B. 数据总线接口
　　C. 中央电气控制单元　　　　　D. 整车控制器

4. 简答/思考题

(1)思考:你认为哪些控制系统故障会影响到自适应巡航控制系统工作?

(2)思考:你认为哪些控制系统故障会影响到车道保持辅助系统工作?

(3)思考:你认为哪些控制系统故障会影响到车前测距监控系统工作?

(4)查找电路图及其他资料,说明大众ID.4纯电动汽车驻车辅助系统中有几个雷达传感器和摄像头,分别安装在什么位置?

任务评价

小组成员、教师分别对基本职业能力及任务完成结果进行综合考评,并根据《职业能力

新能源汽车常见故障诊断与排除任务工单

考评表》要求评分，学生自评/同组互评得分供教师考评参考，以教师评分为准。

任务评价表

评分	学生自评：_____分	同组互评：_____分	教师考评：_____分
学生个人总结			学生签名： 年 月 日
小组评语及建议			组长签名： 年 月 日
教师评语及建议			教师签名： 年 月 日

项目四　新能源汽车空调及暖风系统故障诊断与排除

任务1　空调系统不制冷故障诊断与排除

学生姓名：_____　团队(小组)：_____　时间：_____年_____月_____日

📓 任务分析

本工作任务共有 2 个操作任务。

操作任务1：编制新能源汽车空调系统不制冷故障诊断与排除方案；

操作任务2：实施新能源汽车空调系统不制冷故障诊断与排除。

请根据任务要求，对小组成员进行合理分工，小组进行讨论，参考《工作计划表》的内容制订工作计划，并记录主要内容。

任务分析记录：_____

_____

📓 任务准备

参照《准备工作检查记录表》，阅读"安全须知"、检查并记录完成任务需要的场地、设备、工具及材料。

1. "安全须知"阅读

请在操作之前认真阅读"安全须知"！□已阅读；□未阅读，原因：_____

2. 场地清洁检查

场地清洁，无杂物。检查结果记录：_____

3. 安全检查

无安全隐患。检查结果记录：_____

4. 车辆、设备、工具及其他用品检查

本次实训需要的各种车辆、设备、工具及其他用品型号正确；数量正确；技术参数符合要求；功能正常；外观无损坏。检查结果记录：_____

新能源汽车常见故障诊断与排除任务工单

提示：教师根据项目需要提前设置故障。

新能源汽车空调系统不制冷故障诊断与排除实训要求

参考车型	实训车型	操作时间
大众 ID.4		120min

1. 编制新能源汽车空调系统不制冷故障诊断与排除方案

1）接受工作任务，明确任务内容

本次工作任务：_____

2）编制故障诊断与排除方案

（1）查阅《维修手册》及其他维修技术资料，画出电动空调压缩机相关的电路图。

电动空调压缩机电路简图：

（2）根据故障现象，分析故障可能产生的原因及理由，参照故障诊断与排除的作业流程及规范，制订空调系统不制冷的故障检修方案，并画出故障诊断与排除流程图（参照教材表 4-1-2）。

故障诊断与排除流程图：

2. 实施新能源汽车空调系统不制冷故障诊断与排除

1）对故障车辆进行诊断并排除故障

（1）验证故障现象。

故障现象：_____

（2）使用诊断仪器读取故障码和数据流。

故障码内容及分析：_____

数据流内容及分析：_____

（3）检查空调控制单元线路。

检查及处理结果：_____

（4）使用诊断仪器清除故障码。

检查及处理结果：_____

(5)确认故障排除。
检查及处理结果：＿＿＿＿＿＿＿＿＿＿＿＿＿＿＿＿＿＿＿＿＿＿＿＿＿＿＿＿＿＿
2)进行质量检验,确认故障排除
(1)自检合格后,填写"维修作业记录表"(维修工单)并签字确认,交付班组长或质检员进行质量检验。
技师自检结果及处理：＿＿＿＿＿＿＿＿＿＿＿＿＿＿＿＿＿＿＿＿＿＿＿＿＿＿＿
班组长检验结果及处理：＿＿＿＿＿＿＿＿＿＿＿＿＿＿＿＿＿＿＿＿＿＿＿＿＿
质检员检验结果及处理：＿＿＿＿＿＿＿＿＿＿＿＿＿＿＿＿＿＿＿＿＿＿＿＿＿
(2)在工作过程中遵循现场工作管理规范,完成"7S"管理规定。
异常记录：＿＿＿＿＿＿＿＿＿＿＿＿＿＿＿＿＿＿＿＿＿＿＿＿＿＿＿＿＿＿＿＿

课堂测试

1. 填空题

(1)新能源汽车空调系统故障诊断与排除时,应注意＿＿＿＿＿＿＿,以及电动空调压缩机＿＿＿＿＿＿类型等方面的区别。

(2)在加注新的制冷剂前,应先进行循环系统＿＿＿＿＿＿约15～30min。

(3)新能源汽车的空调系统使用＿＿＿＿＿＿驱动压缩机,传统汽车通过发动机＿＿＿＿＿＿驱动压缩机。

(4)空调制冷系统检修时,应保持＿＿＿＿＿＿和＿＿＿＿＿＿整洁。

(5)空调制冷系统不工作或工作不正常,应检查是否满足＿＿＿＿＿＿。

2. 判断题

(1)电动压缩机属于高压部件,检修时应进行高压安全防护及规范操作。（　　）

(2)电动压缩机冷冻油类型与传统汽车压缩机一致。（　　）

(3)在加注新的制冷剂前,应先进行循环系统抽真空。（　　）

(4)如果环境温度过低,空调制冷系统不可能工作或工作不正常。（　　）

(5)如果空调压缩机不运转,必须更换新的压缩机。（　　）

3. 单项选择题

(1)以下可能造成空调不制冷的原因是(　　)。
　　A. 鼓风机不工作　　　　　　B. 电动压缩机电源断路
　　C. 空调控制单元损坏　　　　D. 以上都是

(2)以下不会造成空调制冷不足的原因是(　　)。
　　A. 制冷剂缺少　　　　　　　B. 制冷循环管路压力过低
　　C. 空调滤清器未装　　　　　D. 蒸发器温度传感器异常

(3)大众ID.4纯电动汽车暖风装置和空调器控制单元的代号是(　　)。
　　A. J979　　　　B. J842　　　　C. J31　　　　D. V470

(4)大众ID.4纯电动汽车电动空调压缩机工作电源来自(　　)。

A. 空调控制单元　B. 空调继电器　　C. 高电压蓄电池　D. SC 熔断丝架

(5)从电动压缩机电路图可以看出,大众 ID.4 纯电动汽车空调控制单元与空调压缩机控制单元通信方式是(　　)。

　　A. CAN 总线　　　B. LIN 总线　　　C. K 线　　　　D. 硬线

4. 简答/思考题

(1)简述新能源汽车空调制冷系统故障检修注意事项。

(2)思考:如果空调制冷系统鼓风机工作正常,但空调电动压缩机不工作,故障可能原因有哪些?

任务评价

小组成员、教师分别对基本职业能力及任务完成结果进行综合考评,并根据《职业能力考评表》要求评分,学生自评/同组互评得分供教师考评参考,以教师评分为准。

任务评价表

评分	学生自评:_____分	同组互评:_____分	教师考评:_____分
学生个人总结	学生签名:　　　年　月　日		
小组评语及建议	组长签名:　　　年　月　日		
教师评语及建议	教师签名:　　　年　月　日		

任务2　暖风系统不制热故障诊断与排除

学生姓名：_____　团队(小组)：_____　时间：_____年_____月_____日

任务分析

本工作任务共有2个操作任务。

操作任务1：编制新能源汽车暖风系统不制热故障诊断与排除方案；

操作任务2：实施新能源汽车暖风系统不制热故障诊断与排除。

请根据任务要求，对小组成员进行合理分工，小组进行讨论，参考《工作计划表》的内容制订工作计划，并记录主要内容。

任务分析记录：_____

_____

任务准备

参照《准备工作检查记录表》，阅读"安全须知"、检查并记录完成任务需要的场地、设备、工具及材料。

1."安全须知"阅读

请在操作之前认真阅读"安全须知"！□已阅读；□未阅读，原因：_____

2. 场地清洁检查

场地清洁，无杂物。检查结果记录：_____

3. 安全检查

无安全隐患。检查结果记录：_____

4. 车辆、设备、工具及其他用品检查

本次实训需要的各种车辆、设备、工具及其他用品型号正确；数量正确；技术参数符合要求；功能正常；外观无损坏。检查结果记录：_____

任务实施

提示：教师根据项目需要提前设置故障。

新能源汽车暖风系统不制热故障诊断与排除实训要求

参考车型	实训车型	操作时间
大众ID.4纯电动汽车		120min

1. 编制新能源汽车暖风系统不制热故障诊断与排除方案

1)接受工作任务,明确任务内容

本次工作任务:_____

2)编制故障诊断与排除方案

(1)查阅《维修手册》及其他维修技术资料,画出 PTC 加热器相关的电路图。

PTC 加热器电路简图:

(2)根据故障现象,分析故障可能产生的原因及理由,参照故障诊断与排除的作业流程及规范,制订暖风系统不制热的故障检修方案,并画出故障诊断与排除流程图(参照教材表 4-2-2)。

故障诊断与排除流程图:

2. 实施新能源汽车暖风系统不制热故障诊断与排除

1)对故障车辆进行诊断并排除故障

(1)验证故障现象。

故障现象:_____

(2)使用诊断仪器读取故障码和数据流。

故障码内容及分析:_____

数据流内容及分析:_____

(3)检查高电压加热器(PTC)及线路。

检查及处理结果:_____

(4)使用诊断仪器清除故障码。

检查及处理结果:_____

(5)确认故障排除。

检查及处理结果:_____

2)进行质量检验,确认故障排除

(1)自检合格后,填写"维修作业记录表"(维修工单)并签字确认,交付班组长或质检员进行质量检验。

技师自检结果及处理：_____
班组长检验结果及处理：_____
质检员检验结果及处理：_____
（2）在工作过程中遵循现场工作管理规范，完成"7S"管理规定。
异常记录：_____

课堂测试

1. 填空题

（1）新能源汽车暖风系统的制热方式采用_____制热。

（2）安装 PTC 加热器时应注意电热液_____方向。

（3）暖风系统无暖风或供暖不足，首先应判断是_____的故障还是 PTC 供暖（制热）循环系统的故障。

（4）送风系统故障通常出现在_____及其_____。

（5）开启暖风制热后，如果出风口有自然风吹出，说明_____正常，但_____。

2. 判断题

（1）PTC 加热器属于低压部件，检修时不需要进行高压安全防护。　　　　　（　）

（2）新能源汽车送风系统采用高电压驱动鼓风机。　　　　　　　　　　　　（　）

（3）如果鼓风机出现故障，无论是空调制冷还是暖风制热都不会正常工作。（　）

（4）如果环境温度过高，暖风制热系统不可能工作或工作不正常。　　　　（　）

（5）如果 PTC 加热器不制热，必须更换新的 PTC 加热器。　　　　　　　　（　）

3. 单项选择题

（1）以下可能造成暖风不制热的原因是（　　　）。
　　A. 鼓风机不工作　　　　　　　B. PTC 加热器电源断路
　　C. 空调控制单元损坏　　　　　D. 以上都是

（2）以下不会造成暖风制热不足的原因是（　　　）。
　　A. 电热液缺少　　　　　　　　B. 功能循环管路堵塞
　　C. 空调滤清器未装　　　　　　D. PTC 加热器工作异常

（3）根据电路图，大众 ID.4 纯电动汽车 PTC 加热器工作指令来自（　　　）。
　　A. 高电压蓄电池　　　　　　　B. 发动机控制单元
　　C. 组合仪表　　　　　　　　　D. 暖风装置和空调控制器

（4）大众 ID.4 纯电动汽车 PTC 加热器工作电源（加热）来自（　　　）。
　　A. 低压蓄电池　　B. 暖风继电器　　C. 高电压蓄电池　　D. SC 熔断丝架

（5）从 PTC 加热器电路图可以看出，大众 ID.4 纯电动汽车空调控制单元与 PTC 加热器控制单元通信方式是（　　　）。
　　A. CAN 总线　　　B. LIN 总线　　　C. K 线　　　　D. 硬线

4. 简答/思考题

(1) 简述新能源汽车暖风制热系统故障检修注意事项。

(2) 思考：如果暖风制热系统鼓风机工作正常，但 PTC 加热器不工作，故障可能原因有哪些？

任务评价

小组成员、教师分别对基本职业能力及任务完成结果进行综合考评，并根据《职业能力考评表》要求评分，学生自评/同组互评得分供教师考评参考，以教师评分为准。

任务评价表

评分	学生自评：_____分	同组互评：_____分	教师考评：_____分
学生个人总结			学生签名： 年 月 日
小组评语及建议			组长签名： 年 月 日
教师评语及建议			教师签名： 年 月 日

项目五　新能源汽车底盘系统故障诊断与排除

任务1　电控制动系统故障警告灯亮故障诊断与排除

学生姓名：_____　团队(小组)：_____　时间：_____年_____月_____日

📔 任务分析

本工作任务共有2个操作任务。

操作任务1：编制新能源汽车电控制动系统故障警告灯亮故障诊断与排除方案；

操作任务2：实施新能源汽车电控制动系统故障警告灯亮故障诊断与排除。

请根据任务要求，对小组成员进行合理分工，小组进行讨论，参考《工作计划表》的内容制订工作计划，并记录主要内容。

任务分析记录：_____

_____

📔 任务准备

参照《准备工作检查记录表》，阅读"安全须知"、检查并记录完成任务需要的场地、设备、工具及材料。

1. "安全须知"阅读

请在操作之前认真阅读"安全须知"！□已阅读；□未阅读，原因：_____

2. 场地清洁检查

场地清洁，无杂物。检查结果记录：_____

3. 安全检查

无安全隐患。检查结果记录：_____

4. 车辆、设备、工具及其他用品检查

本次实训需要的各种车辆、设备、工具及其他用品型号正确；数量正确；技术参数符合要求；功能正常；外观无损坏。检查结果记录：_____

新能源汽车常见故障诊断与排除任务工单

提示： 教师根据项目需要提前设置故障。

新能源汽车电控制动系统故障警告灯亮故障诊断与排除实训要求

参考车型	实训车型	操作时间
大众 ID.4		120min

1. 编制新能源汽车电控制动系统故障警告灯亮故障诊断与排除方案

1）接受工作任务，明确任务内容

本次工作任务：_____

2）编制故障诊断与排除方案

（1）查阅《维修手册》及其他维修技术资料，画出 ABS 控制单元（含右前轮速传感器）电路图。

ABS 控制单元电路简图：

（2）根据故障现象，分析故障可能产生的原因及理由，参照故障诊断与排除的作业流程及规范，制订电控制动系统故障警告灯亮的故障检修方案，并画出故障诊断与排除流程图（参照教材表 5-1-4）。

故障诊断与排除流程图：

2. 实施新能源汽车电控制动系统故障警告灯亮故障诊断与排除

1）对故障车辆进行诊断并排除故障

（1）验证故障现象。

故障现象：_____

（2）检查液压制动系统机械、电气部件。

检查及处理结果：_____

（3）使用诊断仪故障诊断。

检查及处理结果：_____

（4）轮速（转速）传感器检测。

检查及处理结果：_____

（5）使用诊断仪清除故障码。
检查及处理结果：_____
（6）确认故障排除。
检查及处理结果：_____
2）进行质量检验，确认故障排除
（1）自检合格后，填写"维修作业记录表"（维修工单）并签字确认，交付班组长或质检员进行质量检验。
技师自检结果及处理：_____
班组长检验结果及处理：_____
质检员检验结果及处理：_____
（2）在工作过程中遵循现场工作管理规范，完成"7S"管理规定。
异常记录：_____

课堂测试

1. 填空题

（1）新能源汽车制动系统是在传统汽车_____系统基础上增加了_____系统，或直接采用电子控制制动（ECB）系统。

（2）因为电控制动系统可受到除制动控制系统外系统的影响，所以一定要检查其他系统中的_____。

（3）ABS_____、_____等部件的拆装以后一定要排放管路的空气。

（4）CAN总线通信系统用于制动防滑控制ECU、_____、_____（包括_____）和其他ECU之间的数据通信。

（5）电控制动系统故障警告灯点亮通常伴随着ABS及其他电控制动系统_____，也有可能_____或工作时机错误。

2. 判断题

（1）新能源汽车的制动系统不需要制动助力。　　　　　　　　　　　（　　）
（2）ABS系统出现故障，传统制动系统通常能够继续工作。　　　　　（　　）
（3）车辆其他电控系统出现故障，不会影响到电控制动系统。　　　　（　　）
（4）轮速传感器出现故障，会影响车辆多个电控系统的工作。　　　　（　　）
（5）新能源汽车ABS执行器的电源来自动力蓄电池的高压。　　　　　（　　）

3. 单项选择题

（1）制动力不足的可能原因包括（　　）。
　　A. 制动液不足　　　　　　　　B. 制动管路故障
　　C. 制动器故障　　　　　　　　D. 以上都是

（2）电动真空系统制动助力不足，可能原因包括（　　）。
　　A. 真空泵不工作　　　　　　　B. 真空系统漏气

C. 真空压力传感器故障　　　　　D. 以上都是

（3）某车辆行驶中出现一个车轮抱死，拆下 ABS 熔断丝后故障现象消失，原因最可能是（　　）。

A. 对应车轮制动器损坏　　　　　B. 对应车轮轮速传感器不良

C. ABS ECU 不良　　　　　　　　D. 液压制动管路不良

（4）根据电路图，大众 ID.4 纯电动汽车 ABS 控制单元电源来自（　　）。

A. 熔断丝架 SA　　B. 熔断丝架 SB　　C. 熔断丝架 SC　　D. 高电压蓄电池

（5）大众 ID.4 纯电动汽车轮速传感器故障，受影响的系统包括（　　）。

A. ABS 系统　　　B. 电子稳定程序　　C. 胎压监测系统　　D. 以上都是

4. 简答/思考题

（1）如何快速判断制动系统的故障是 ABS 系统原因还是传统液压制动系统的原因？

（2）思考：如果诊断仪器不能与电控制动系统控制单元（ABS 控制单元）通信，可能原因有哪些？

任务评价

小组成员、教师分别对基本职业能力及任务完成结果进行综合考评，并根据《职业能力考评表》要求评分，学生自评/同组互评得分供教师考评参考，以教师评分为准。

任务评价表

评分	学生自评：＿＿＿分	同组互评：＿＿＿分	教师考评：＿＿＿分
学生个人总结		学生签名：	年　月　日
小组评语及建议		组长签名：	年　月　日
教师评语及建议		教师签名：	年　月　日

任务 2　电动助力转向系统转向无助力故障诊断与排除

学生姓名：_____　团队(小组)：_____　时间：_____年_____月_____日

📔 任务分析

本工作任务共有 2 个操作任务。

操作任务 1：编制新能源汽车电动助力转向系统转向无助力故障诊断与排除方案；

操作任务 2：实施新能源汽车电动助力转向系统转向无助力故障诊断与排除。

请根据任务要求，对小组成员进行合理分工，小组进行讨论，参考《工作计划表》的内容制订工作计划，并记录主要内容。

任务分析记录：_____

_____

📔 任务准备

参照《准备工作检查记录表》，阅读"安全须知"、检查并记录完成任务需要的场地、设备、工具及材料。

1."安全须知"阅读

请在操作之前认真阅读"安全须知"！□已阅读；□未阅读，原因：_____

2. 场地清洁检查

场地清洁，无杂物。检查结果记录：_____

3. 安全检查

无安全隐患。检查结果记录：_____

4. 车辆、设备、工具及其他用品检查

本次实训需要的各种车辆、设备、工具及其他用品型号正确；数量正确；技术参数符合要求；功能正常；外观无损坏。检查结果记录：_____

📔 任务实施

提示：教师根据项目需要提前设置故障。

新能源汽车电动助力转向系统转向无助力故障诊断与排除实训要求

参考车型	实训车型	操作时间
大众 ID.4 纯电动汽车		120min

新能源汽车常见故障诊断与排除任务工单

1. 编制新能源汽车电动助力转向系统转向无助力故障诊断与排除方案

1）接受工作任务，明确任务内容

本次工作任务：_____

2）编制故障诊断与排除方案

（1）查阅《维修手册》及其他维修技术资料，画出电动助力转向助力控制单元相关的电路图。

电动助力转向助力系统控制单元电路简图：

（2）根据故障现象，分析故障可能产生的原因及理由，参照故障诊断与排除的作业流程及规范，制订电动助力转向系统转向无助力的故障检修方案，并画出故障诊断与排除流程图（参照教材表 5-2-3）。

故障诊断与排除流程图：

2. 实施新能源汽车电动助力转向系统转向无助力故障诊断与排除

1）对故障车辆进行诊断并排除故障

（1）验证故障现象。

故障现象：_____

（2）检查转向系统机械、电气部件。

检查及处理结果：_____

（3）使用诊断仪故障诊断。

检查及处理结果：_____

（4）手动方式进行转向角传感器初始化。

检查及处理结果：_____

（5）使用诊断仪器进行转向角传感器初始化。

检查及处理结果：_____

（6）确认故障排除。

检查及处理结果：_____

2）进行质量检验，确认故障排除

（1）自检合格后，填写"维修作业记录表"（维修工单）并签字确认，交付班组长或质检员进行质量检验。

技师自检结果及处理：_____

班组长检验结果及处理：_____

质检员检验结果及处理：_____

（2）在工作过程中遵循现场工作管理规范，完成"7S"管理规定。

异常记录：_____

课堂测试

1. 填空题

（1）由于没有燃油发动机持续提供_____的能源，新能源汽车都采用电动助力转向系统。

（2）EPS 控制器和电机发生跌落或遭受撞击后，应进行_____。

（3）转向部件维修或更换后，应进行_____，保证各部件工作灵活，无卡滞现象。

（4）转向角度传感器初始化程序：起动车辆，将转向盘向左、向右打到底_____次，然后回到_____。

（5）如果电动助力转向系统初始化不成功，在确认转向系统_____、_____部件正常的前提下，使用诊断仪器执行初始化程序。

2. 判断题

（1）EPS 电动转向器如果发生故障，应分解检修。（   ）

（2）新能源汽车电动助力转向系统 EPS 转向助力电机的电源电压通常为 12V。（   ）

（3）车辆在直行时总是偏向一侧，不一定是扭矩传感器故障。（   ）

（4）转向沉重只与电动助力转向系统有关，其他系统不会造成转向沉重。（   ）

（5）EPS 转向助力电机电压来自高电压蓄电池的高压。（   ）

3. 单项选择题

（1）转向盘自由间隙过大的可能原因包括（   ）。

    A. 转向盘花键磨损   B. 转向器调整不当

    C. 转向机构磨损   D. 以上都是

（2）转向车轮摆振、转向盘发抖的可能原因包括（   ）。

    A. 车轮不平衡   B. 前轮定位失调

    C. 转向盘自由间隙过小   D. 以上都是

（3）以下不是车辆无转向助力原因的是（   ）。

    A. EPS 控制器损坏   B. EPS 转向助力电机损坏

    C. EPS 控制器熔断丝断路   D. 前轮定位错误

（4）根据电路图，大众 ID.4 纯电动汽车助力转向控制单元电源来自（   ）。

    A. 熔断丝架 SA   B. 熔断丝架 SB

    C. 熔断丝架 SC   D. 高电压蓄电池

(5) 车辆行驶时转向异响,原因可能是(　　)。

　　A. 转向器损坏　　B. 半轴磨损　　C. 转向拉杆损坏　　D. 以上都是

4. 简答/思考题

(1) 简述新能源汽车转向系统电气部件检修注意事项。

(2) 思考:如果驾驶人反映车辆转向助力过大(即方向盘太轻),可能原因有哪些?

任务评价

小组成员、教师分别对基本职业能力及任务完成结果进行综合考评,并根据《职业能力考评表》要求评分,学生自评/同组互评得分供教师考评参考,以教师评分为准。

任务评价表

评分	学生自评:_____分	同组互评:_____分	教师考评:_____分
学生个人总结		学生签名: 　　年　　月　　日	
小组评语及建议		组长签名: 　　年　　月　　日	
教师评语及建议		教师签名: 　　年　　月　　日	

项目六　新能源汽车电气系统故障诊断与排除

任务1　组合仪表不显示故障诊断与排除

学生姓名：_____　团队（小组）：_____　时间：_____年_____月_____日

任务分析

本工作任务共有 2 个操作任务。

操作任务 1：编制新能源汽车组合仪表不显示故障诊断与排除方案；

操作任务 2：实施新能源汽车组合仪表不显示故障诊断与排除。

请根据任务要求，对小组成员进行合理分工，小组进行讨论，参考《工作计划表》的内容制订工作计划，并记录主要内容。

任务分析记录：_____

_____

任务准备

参照《准备工作检查记录表》，阅读"安全须知"、检查并记录完成任务需要的场地、设备、工具及材料。

1. "安全须知"阅读

请在操作之前认真阅读"安全须知"！□已阅读；□未阅读，原因：_____

2. 场地清洁检查

场地清洁，无杂物。检查结果记录：_____

3. 安全检查

无安全隐患。检查结果记录：_____

4. 车辆、设备、工具及其他用品检查

本次实训需要的各种车辆、设备、工具及其他用品型号正确；数量正确；技术参数符合要求；功能正常；外观无损坏。检查结果记录：_____

新能源汽车常见故障诊断与排除任务工单

任务实施

提示：教师根据项目需要提前设置故障。

新能源汽车组合仪表不显示故障诊断与排除实训要求

参考车型	实训车型	操作时间
大众 ID.4 纯电动汽车		120min

1. 编制新能源汽车组合仪表不显示故障诊断与排除方案

1）接受工作任务，明确任务内容

本次工作任务：_____

2）编制故障诊断与排除方案

(1)查阅《维修手册》及其他维修技术资料，画出组合仪表供电电源、搭铁相关的电路图。

组合仪表供电电源、搭铁电路简图：

(2)根据故障现象，分析故障可能产生的原因及理由，参照故障诊断与排除的作业流程及规范，制订组合仪表不显示的故障检修方案，并画出故障诊断与排除流程图（参照教材表6-1-2）。

故障诊断与排除流程图：

2. 实施新能源汽车组合仪表不显示故障诊断与排除

1）对故障车辆进行诊断并排除故障

(1)验证故障现象。

故障现象：_____

(2)检查低压蓄电池。

检查及处理结果：_____

(3)检查组合仪表熔断丝。

检查及处理结果：_____

(4)组合仪表系统控制单元故障码读取和清除。

检查及处理结果：_____

(5) 确认故障排除。

检查及处理结果：_____

2) 进行质量检验，确认故障排除

(1) 自检合格后，填写"维修作业记录表"（维修工单）并签字确认，交付班组长或质检员进行质量检验。

技师自检结果及处理：_____

班组长检验结果及处理：_____

质检员检验结果及处理：_____

(2) 在工作过程中遵循现场工作管理规范，完成"7S"管理规定。

异常记录：_____

课堂测试

1. 填空题

(1) 组合仪表信息显示区域为_____，应轻拿轻放，严禁撞击、跌落。

(2) 组合仪表为总成件，不得对其进行_____。

(3) 组合仪表安装后应检查是否能_____。

(4) 组合仪表不显示最常见的故障原因是低压蓄电池_____。如果蓄电池正常，应检查供电线路（包括熔断丝）及_____。

(5) 新能源汽车组合仪表通过_____或_____连接接收车辆各控制单元的信息。

2. 判断题

(1) 新能源汽车组合仪表系统的功能、结构原理与传统汽车基本一致。　　（　　）

(2) 新能源汽车组合仪表为总成件，若有故障，更换组合仪表总成。　　（　　）

(3) 大众 ID.4 纯电动汽车组合仪表称"通信信息显示单元"。　　（　　）

(4) 组合仪表不工作一定是低压蓄电池电压过低。　　（　　）

(5) 大众 ID.4 纯电动汽车组合仪表熔断丝位于前机舱熔断丝架 A 内。　　（　　）

3. 单项选择题

(1) 组合仪表所有指示灯、警告灯均为（　　　）。
　　A. 发光二极管（LED）　　　　　　B. 液晶显示屏（LCD）
　　C. 白炽灯泡　　　　　　　　　　D. 卤素灯泡

(2) 大众 ID.4 纯电动汽车组合仪表相关的熔断丝编号是（　　　）。
　　A. 10 号、40 号　　B. 14 号、49 号　　C. 19 号、44 号　　D. 9 号、24 号

(3) 组合仪表熔断丝断路，会造成以下哪些故障（　　　）。
　　A. 组合仪表显示屏黑屏
　　B. 组合仪表指示灯不亮
　　C. 组合仪表控制单元不能与诊断仪器通信
　　D. 以上都是

(4)组合仪表中显示提示信息,例如"请检查冷却液液位",原因最可能是(　　)。
  A.组合仪表故障　B.冷却液不足　C.控制单元故障　D.温度过高
(5)组合仪表中某个区域显示模糊,原因最可能是(　　)。
  A.组合仪表供电不足　　　　　B.对应的车辆系统故障
  C.组合仪表故障　　　　　　　D.信息传递错误

4.简答/思考题

(1)简述新能源汽车组合仪表故障检修注意事项。

(2)思考:如果大众ID.4纯电动汽车组合仪表电源断路,除了不显示以外,车辆还会有哪些故障现象?

任务评价

小组成员、教师分别对基本职业能力及任务完成结果进行综合考评,并根据《职业能力考评表》要求评分,学生自评/同组互评得分供教师考评参考,以教师评分为准。

任务评价表

评分	学生自评:_____分	同组互评:_____分	教师考评:_____分
学生个人总结		学生签名:　　年　　月　　日	
小组评语及建议		组长签名:　　年　　月　　日	
教师评语及建议		教师签名:　　年　　月　　日	

任务 2　转向信号灯不亮故障诊断与排除

学生姓名：_____　团队(小组)：_____　时间：_____年____月____日

📓 任务分析

本工作任务共有 2 个操作任务。

操作任务 1：编制新能源汽车转向信号灯不亮故障诊断与排除方案；

操作任务 2：实施新能源汽车转向信号灯不亮故障诊断与排除。

请根据任务要求，对小组成员进行合理分工，小组进行讨论，参考《工作计划表》的内容制订工作计划，并记录主要内容。

任务分析记录：_____

_____

📓 任务准备

参照《准备工作检查记录表》，阅读"安全须知"、检查并记录完成任务需要的场地、设备、工具及材料。

1."安全须知"阅读

请在操作之前认真阅读"安全须知"！□已阅读；□未阅读，原因：_____

2. 场地清洁检查

场地清洁，无杂物。检查结果记录：_____

3. 安全检查

无安全隐患。检查结果记录：_____

4. 车辆、设备、工具及其他用品检查

本次实训需要的各种车辆、设备、工具及其他用品型号正确；数量正确；技术参数符合要求；功能正常；外观无损坏。检查结果记录：_____

📓 任务实施

提示：教师根据项目需要提前设置故障。

新能源汽车转向信号灯不亮故障诊断与排除实训要求

参考车型	实训车型	操作时间
大众 ID.4 纯电动汽车		120min

新能源汽车常见故障诊断与排除任务工单

1. 编制新能源汽车转向信号灯不亮故障诊断与排除方案

1)接受工作任务,明确任务内容

本次工作任务:_____

2)编制故障诊断与排除方案

(1)查阅《维修手册》及其他维修技术资料,画出转向信号灯相关的电路图。

转向信号灯控制电路简图:

(2)根据故障现象,分析故障可能产生的原因及理由,参照故障诊断与排除的作业流程及规范,制订转向信号灯不亮的故障检修方案,并画出故障诊断与排除流程图(参照教材表6-2-2)。

故障诊断与排除流程图:

2. 实施新能源汽车转向信号灯不亮故障诊断与排除

1)对故障车辆进行诊断并排除故障

(1)验证故障现象。

故障现象:_____

(2)检查转向信号灯熔断丝。

检查及处理结果:_____

(3)检查转向信号灯灯泡和接插件。

检查及处理结果:_____

(4)检查转向信号灯组合开关。

检查及处理结果:_____

(5)灯光控制单元故障码读取和清除。

检查及处理结果:_____

(6)确认故障排除。

检查及处理结果:_____

2)进行质量检验,确认故障排除

(1)自检合格后,填写"维修作业记录表"(维修工单)并签字确认,交付班组长或质检员进行质量检验。

技师自检结果及处理：＿＿＿＿＿＿＿＿＿＿＿＿＿＿＿＿＿＿＿＿＿＿＿＿＿＿＿＿
班组长检验结果及处理：＿＿＿＿＿＿＿＿＿＿＿＿＿＿＿＿＿＿＿＿＿＿＿＿＿＿
质检员检验结果及处理：＿＿＿＿＿＿＿＿＿＿＿＿＿＿＿＿＿＿＿＿＿＿＿＿＿＿

(2)在工作过程中遵循现场工作管理规范,完成"7S"管理规定。

异常记录：＿＿＿＿＿＿＿＿＿＿＿＿＿＿＿＿＿＿＿＿＿＿＿＿＿＿＿＿＿＿＿＿＿

课堂测试

1. 填空题

(1)新能源汽车通常采用＿＿＿＿＿＿＿＿或其他专门的控制单元控制照明及信号系统。

(2)装灯泡时注意安装灯泡＿＿＿＿＿＿＿＿,否则组合灯具进入水分后,玻璃会模糊或有水蒸气。

(3)转向信号灯组合开关故障,会造成所有转向信号灯＿＿＿＿＿＿＿＿或＿＿＿＿＿＿＿＿转向信号灯无法控制。

(4)转向信号灯不亮,如果灯泡正常,应检查线路(包括＿＿＿＿＿＿＿＿、＿＿＿＿＿＿＿＿、开关)及控制单元。

(5)对于＿＿＿＿＿＿＿＿造成的故障,可以使用故障诊断仪器进行故障码和数据流(测量值)等进行检测。

2. 判断题

(1)被油液弄脏表面的卤素灯泡,会缩短灯泡的工作寿命。　　　　　　　　(　　)

(2)更换灯泡时切勿用手直接接触灯泡表面。　　　　　　　　　　　　　　(　　)

(3)更换灯泡时,可以使用不同功率的灯泡。　　　　　　　　　　　　　　(　　)

(4)转向信号灯的故障现象、可能原因与控制方式无关。　　　　　　　　　(　　)

(5)大众ID.4纯电动汽车照明及信号系统由车载电网控制单元控制。　　　(　　)

3. 单项选择题

(1)灯泡不亮最常见的原因是(　　　)。
　　A.线路断路或短路　　　　　　　B.灯泡损坏
　　C.开关损坏　　　　　　　　　　D.控制单元损坏

(2)大众ID.4纯电动汽车转向信号灯相关的熔断丝盒位于(　　　)。
　　A.前机舱　　　　　　　　　　　B.驾驶室左下方熔断丝座
　　C.行李舱　　　　　　　　　　　D.乘客侧仪表板下

(3)转向信号灯开关损坏,不会造成以下哪些故障(　　　)。
　　A.全部转向信号灯不亮　　　　　B.一侧转向信号灯不亮
　　C.一侧转向信号灯常亮　　　　　D.一个转向信号灯不亮

(4)某个转向信号灯快速闪烁,原因最可能是(　　　)。
　　A.线路短路　　　　　　　　　　B.组合开关损坏
　　C.同侧灯泡损坏　　　　　　　　D.控制单元损坏

新能源汽车常见故障诊断与排除任务工单

(5)转向信号灯熔断丝断路,造成的故障现象是(　　)。
　　A. 全部转向信号灯不亮　　　　B. 一侧转向信号灯不亮
　　C. 全部转向信号灯常亮　　　　D. 某个转向信号灯不亮

4. 简答/思考题

(1)简述新能源汽车转向信号灯故障检修注意事项。

(2)简述大众 ID.4 纯电动汽车尾灯总成(左侧为例)集成的部件。

任务评价

小组成员、教师分别对基本职业能力及任务完成结果进行综合考评,并根据《职业能力考评表》要求评分,学生自评/同组互评得分供教师考评参考,以教师评分为准。

任务评价表

评分	学生自评：　　　分	同组互评：　　　分	教师考评：　　　分
学生个人总结		学生签名：　　　年　　月　　日	
小组评语及建议		组长签名：　　　年　　月　　日	
教师评语及建议		教师签名：　　　年　　月　　日	

任务3　安全气囊及其他辅助电气系统典型故障诊断与排除

学生姓名：_____　团队(小组)：_____　时间：_____年____月____日

📔 任务分析

本工作任务共有2个操作任务。

操作任务1：编制新能源汽车安全气囊故障警告灯亮故障诊断与排除方案；

操作任务2：实施新能源汽车安全气囊故障警告灯亮故障诊断与排除。

请根据任务要求，对小组成员进行合理分工，小组进行讨论，参考《工作计划表》的内容制订工作计划，并记录主要内容。

任务分析记录：_____

_____

📔 任务准备

参照《准备工作检查记录表》，阅读"安全须知"、检查并记录完成任务需要的场地、设备、工具及材料。

1."安全须知"阅读

请在操作之前认真阅读"安全须知"！□已阅读；□未阅读，原因：_____

2. 场地清洁检查

场地清洁，无杂物。检查结果记录：_____

3. 安全检查

无安全隐患。检查结果记录：_____

4. 车辆、设备、工具及其他用品检查

本次实训需要的各种车辆、设备、工具及其他用品型号正确；数量正确；技术参数符合要求；功能正常；外观无损坏。检查结果记录：_____

📔 任务实施

提示：教师根据项目需要提前设置故障。

新能源汽车安全气囊故障警告灯亮故障诊断与排除实训要求

参考车型	实训车型	操作时间
大众ID.4纯电动汽车		60min

新能源汽车常见故障诊断与排除任务工单

1. 编制新能源汽车安全气囊故障警告灯亮故障诊断与排除方案

1）接受工作任务，明确任务内容

本次工作任务：_____

2）编制故障诊断与排除方案

（1）查阅《维修手册》及其他维修技术资料，出安全气囊控制单元（包括电源、传感器、引爆器）相关的电路图。

安全气囊控制单元电路简图：

（2）根据故障现象，分析故障可能产生的原因及理由，参照故障诊断与排除的作业流程及规范，制订安全气囊故障警告灯亮的故障检修方案，并画出故障诊断与排除流程图（参照教材表6-3-7）。

故障诊断与排除流程图：

2. 实施新能源汽车安全气囊故障警告灯亮故障诊断与排除

1）对故障车辆进行诊断并排除故障

（1）验证故障现象。

故障现象：_____

（2）使用诊断仪读取安全气囊控制单元故障码。

检查及处理结果：_____

（3）检查故障码相关的部件及线路。

检查及处理结果：_____

（4）使用诊断仪器清除安全气囊控制单元故障码。

检查及处理结果：_____

（5）确认故障排除。

检查及处理结果：_____

2）进行质量检验，确认故障排除

（1）自检合格后，填写"维修作业记录表"（维修工单）并签字确认，交付班组长或质检员进行质量检验。

技师自检结果及处理：_____

班组长检验结果及处理：_____

质检员检验结果及处理：_____
（2）在工作过程中遵循现场工作管理规范，完成"7S"管理规定。
异常记录：_____

课堂测试

1. 填空题

（1）在拆卸或安装任何电气部件前，务必先_____蓄电池负极电缆。
（2）辅助电气系统部件安装后应检查_____。
（3）低压辅助电气系统的熔断丝发生断路，应更换_____熔断丝。
（4）打开点火开关，组合仪表中安全气囊故障警告灯应_____，点亮几秒后_____。
（5）安全气囊属于重要的_____，涉及_____安全。

2. 判断题

（1）当碰撞发生时没有使用的安全带，不需要检查安全带相关部件。（　　）
（2）当断开蓄电池负极电缆时，电动车窗可能需要重新初始化。（　　）
（3）大众 ID.4 纯电动汽车车型，如果安全气囊发生故障，低速行驶警报喇叭鸣叫。（　　）
（4）安全气囊故障警告灯点亮一定是安全气囊控制单元损坏。（　　）
（5）大众 ID.4 纯电动汽车安全气囊控制单元的熔断丝位于 SC 熔断丝架内。（　　）

3. 单项选择题

（1）点火开关不能回位，故障原因最可能是（　　）。
　　A. 蓄电池电压过低　　　　　　B. 点火开关线路不良
　　C. 点火开关本体损坏　　　　　D. 控制单元损坏
（2）电动车窗无法完全关闭，故障原因最可能是（　　）。
　　A. 熔断丝断路　B. 车窗开关损坏　C. 控制单元损坏　D. 未初始化设定
（3）中控门锁全部失效，故障原因最可能是（　　）。
　　A. 熔断丝熔断　　B. 防盗钥匙失效　C. 门锁损坏　　D. 门锁开关损坏
（4）组合仪表中安全气囊警告灯不亮，其他显示正常，原因最可能是（　　）。
　　A. 安全气囊损坏
　　B. 组合仪表中警告灯灯泡烧毁故障
　　C. 安全气囊控制单元故障
　　D. 安全气囊线路不良
（5）音频系统中某个扬声器无声音，原因最可能是（　　）。
　　A. 熔断丝熔断　　B. 天线故障　　C. 音响主机损坏　D. 扬声器损坏

4. 简答/思考题

（1）简述新能源汽车低压辅助电气系统故障检修注意事项。

新能源汽车常见故障诊断与排除任务工单

（2）思考：如果使用诊断仪器检测安全气囊系统时，安全气囊控制单元不能与仪器通信，但其他控制单元通信正常，有哪些可能故障原因？

任务评价

小组成员、教师分别对基本职业能力及任务完成结果进行综合考评，并根据《职业能力考评表》要求评分，学生自评/同组互评得分供教师考评参考，以教师评分为准。

任务评价表

评分	学生自评：_____分	同组互评：_____分	教师考评：_____分
学生个人总结		学生签名：	年　月　日
小组评语及建议		组长签名：	年　月　日
教师评语及建议		教师签名：	年　月　日

项目七　新能源汽车综合性能检测与评估

任务1　新能源汽车动力蓄电池性能检测与评估

学生姓名：_____　团队(小组)：_____　时间：____年____月____日

📔 任务分析

本工作任务共有1个操作项目。

操作任务：动力蓄电池性能检测与评估。

请根据任务要求，对小组成员进行合理分工，小组进行讨论，参考《工作计划表》的内容制订工作计划，并记录主要内容。

任务分析记录：_____

_____

📔 任务准备

参照《准备工作检查记录表》，阅读"安全须知"、检查并记录完成任务需要的场地、设备、工具及材料。

1."安全须知"阅读

请在操作之前认真阅读"安全须知"！□已阅读；□未阅读，原因：_____

2. 场地清洁检查

场地清洁，无杂物。检查结果记录：_____

3. 安全检查

无安全隐患。检查结果记录：_____

4. 车辆、设备、工具及其他用品检查

本次实训需要的各种车辆、设备、工具及其他用品型号正确；数量正确；技术参数符合要求；功能正常；外观无损坏。检查结果记录：_____

提示：教师根据项目需要提前设置故障。

操作任务：新能源汽车动力蓄电池性能检测与评估。

动力蓄电池性能检测与评估实训要求

参考车型	实训车型	操作时间
大众 ID.4 纯电动汽车		120min

1. 明确本次任务要求

接受工作任务,明确任务内容。

本次工作任务：_____

2. 检测制度与标准的查阅

通过互联网,进行机动车运行安全技术条件(动力蓄电池相关)、厂家维修质量标准(动力蓄电池相关)、新能源汽车维修技术相关标准(动力蓄电池相关)、国家年审制度及流程的查阅。

相关制度与标准名称：_____

3. 检测方案的制定

根据车辆实际情况,查阅《维修手册》等相关资料,制定新能源汽车动力蓄电池综合性能检测的方案。

检测方案概要：_____

4. 检测方案的实施

使用动力蓄电池相关的检测仪器设备,进行动力蓄电池总成气密性、绝缘性、电池容量等项目的检测、数据记录与分析。

1) 动力蓄电池气密性检测

使用气密性检测仪,检测动力蓄电池气密性,填写检测结果。

检测步骤：_____

检测结果：_____

2) 动力蓄电池绝缘性检测

使用绝缘测试仪检测动力蓄电池绝缘性,填写检测结果。

(1) 动力蓄电池正极对车身绝缘电阻检测。

检测步骤：_____

检测结果：_____

(2) 动力蓄电池负极对车身绝缘电阻检测。

检测步骤：_____

检测结果：_____

3) 动力蓄电池容量检测

使用故障诊断仪器读取动力蓄电池(蓄电池)管理系统数据流性能相关参数,估算动力蓄电池剩余的容量,填写检测结果。

新车蓄电池额定容量:156Ah(8模块);234Ah(12模块)

新车蓄电池额定能量:55kWh(8模块);82kWh(12模块)

检测前里程表读数:_____km;检测后里程表读数:_____km

检测前蓄电池电量:_____%;检测后蓄电池电量:_____%

充电容量(计数器):_____Ah;放电容量(计数器):_____Ah

5. 检测报告的撰写

1)评估报告

根据检测结果,填写评估报告,向客户汇报评估结果,如符合技术评价指标,则给出保养或客户使用建议;如不符合评价指标,则向客户或车间主管提出新增维修项目建议。

2)案例分析总结报告

根据检测结果进行案例分析总结报告的撰写,并组织培训与研讨。

课堂测试

1. 填空题

(1)新能源汽车综合性能检测是指在_____的情况下,对其工作能力和_____进行检测,是鉴定车辆技术状况和维修质量的重要手段。

(2)新能源汽车综合性能检测与评估包括_____性能检测与评估、_____性能检测与评估和_____维修质量检测与评估。

(3)新能源汽车相关的标准,可以通过"全国_____公共服务平台"查询。

(4)动力蓄电池在出厂前会使用_____进行IP67防护等级的密封测试。

(5)动力蓄电池存储电能多少可以用_____和_____来衡量。

2. 判断题

(1)《纯电动汽车维护、检测、诊断技术规范》(JT/T 1344—2020)是国家标准。(　　)

(2)为了车辆的安全,动力蓄电池制造商在设计电池组时,会根据车辆的使用环境采取相应的保护措施,尽可能消除安全风险。(　　)

(3)动力蓄电池组的气密性不会影响车辆的安全。(　　)

(4)新能源汽车高压电气系统的绝缘性能检测时需要使用数字万用表。(　　)

(5)动力蓄电池存储电能多少可以用额定电压来衡量。(　　)

3. 单项选择题

(1)现行的动力蓄电池检测与评估部分标准包括(　　)。

A.《电动汽车用动力蓄电池循环寿命要求及试验方法》

B.《电动汽车用动力蓄电池安全要求及试验方法》

C.《电动汽车用动力蓄电池电性能要求及试验方法》

D.以上都是

(2)以下不属于动力蓄电池常用的性能检测与评估的是(　　)。
　　A.额定电压　　B.气密性　　C.绝缘性　　D.电池容量
(3)动力蓄电池气密测试的四个步骤正确的是(　　)。
　　A.充气、测量、平衡、排气　　　B.充气、平衡、测量、排气
　　C.充气、平衡、排气、测量　　　D.排气、平衡、测量、充气
(4)根据国家相关标准,动力蓄电池绝缘电阻值要求大于(　　)。
　　A.50Ω/V　　B.100Ω/V　　C.500Ω/V　　D.1000Ω/V
(5)使用绝缘测试仪检测动力蓄电池绝缘性,应包括(　　)。
　　A.动力蓄电池正极对车身绝缘电阻检测
　　B.动力蓄电池负极对车身绝缘电阻检测
　　C.A和B都是
　　D.A和B都不是

4.简答/思考题

(1)简述为什么要进行动力蓄电池气密性检测与评估。

(2)简述动力蓄电池容量与能量的区别。

任务评价

小组成员、教师分别对基本职业能力及任务完成结果进行综合考评,并根据《职业能力考评表》要求评分,学生自评/同组互评得分供教师考评参考,以教师评分为准。

任务评价表

评分	学生自评:_____分	同组互评:_____分	教师考评:_____分
学生个人总结			学生签名:　　年　月　日
小组评语及建议			组长签名:　　年　月　日
教师评语及建议			教师签名:　　年　月　日

任务2 新能源汽车安全性能检测与评估

学生姓名：_____ 团队(小组)：_____ 时间：_____年____月____日

📔 任务分析

本工作任务共有1个操作项目。

操作任务：新能源汽车安全性能检测与评估。

请根据任务要求，对小组成员进行合理分工，小组进行讨论，参考《工作计划表》的内容制订工作计划，并记录主要内容。

任务分析记录：_____

_____

📔 任务准备

参照《准备工作检查记录表》，阅读"安全须知"、检查并记录完成任务需要的场地、设备、工具及材料。

1."安全须知"阅读

请在操作之前认真阅读"安全须知"！□已阅读；□未阅读，原因：_____

2. 场地清洁检查

场地清洁，无杂物。检查结果记录：_____

3. 安全检查

无安全隐患。检查结果记录：_____

4. 车辆、设备、工具及其他用品检查

本次实训需要的各种车辆、设备、工具及其他用品型号正确；数量正确；技术参数符合要求；功能正常；外观无损坏。检查结果记录：_____

📔 任务实施

提示：教师根据项目需要提前设置故障。

操作任务：新能源汽车安全性能检测与评估。

新能源汽车安全性能检测与评估实训要求

参考车型	实训车型	操作时间
大众 ID.4 纯电动汽车		120min

1. 明确本次任务要求

接受工作任务，明确任务内容。

本次工作任务：_____

2. 检测制度与标准的查阅

通过互联网，进行机动车运行安全技术条件（安全性能相关）、厂家维修质量标准（安全性能相关）、新能源汽车维修技术相关标准（安全性能相关）、国家年审制度及流程的查阅。

相关制度与标准名称：_____

3. 检测方案的制定

根据车辆实际情况，查阅《维修手册》等相关资料，制订新能源汽车安全性能检测的方案。

检测方案概要：_____

4. 检测方案的实施

使用安全性能相关的检测仪器设备，进行高压安全、底盘及车身电气系统安全检测等项目的检测、数据记录与分析。

1）高压安全性能检测

（1）使用故障诊断仪器读取新能源汽车各控制系统控制单元故障码，分析是否有安全相关的故障码，填写检测结果。

检测步骤：_____
检测结果：_____

（2）使用绝缘电阻测试仪检查高压部件、高压导线绝缘电阻，分析是否存在绝缘电阻过低的情况，填写检测结果。

检测步骤：_____
检测结果：_____

2）底盘及车身电气系统安全性能检测

使用汽车安全检测线检测底盘及车身电气系统安全性能，填写检测结果。

（1）底盘及车身外观检测（安全隐患），填写检测结果。

检测结果：_____

（2）制动性能检测，填写检测结果。

检测结果：_____

（3）转向轮侧滑检测，填写检测结果。

（4）前照灯检测，填写检测结果。

检测结果：_____

5. 检测报告的撰写

1）评估报告

根据检测结果，填写评估报告，向客户汇报评估结果，如符合技术评价指标，则给出维护或客户使用建议；如不符合评价指标，则向客户或车间主管提出新增维修项目建议。

2）案例分析总结报告

根据检测结果进行案例分析总结报告的撰写,并组织培训与研讨。

课堂测试

1. 填空题

（1）新能源汽车安全性能检测与评估内容包括_____安全、底盘及_____系统安全等。

（2）如果意外接错电源正负极,动力蓄电池(BMS)管理模块将_____高电压。

（3）高压系统中设计有预充电回路,主要由_____构成。

（4）为防止车辆出现不期望的运动,需要在整车控制器(VCU)中加入_____控制策略。

（5）当充电回路绝缘电阻小于标准要求的阻值时,应当_____并断开高压接触器。

2. 判断题

（1）传统汽车的安全性能检测制度与标准都不适用新能源汽车。　　　　（　　）

（2）新能源汽车通常会在高压部件的盖子上设立低压的开盖检测开关。　（　　）

（3）绝缘接插件既可防止维修人员直接接触到高压,还可防水、防尘。　（　　）

（4）新能源汽车底盘、车身电气系统与传统汽车的安全检查方法区别很大。（　　）

（5）纯电动汽车选挡杆在任何挡位都允许充电。　　　　　　　　　　　（　　）

3. 单项选择题

（1）2020年5月12日,工业和信息化部组织制定,由国家市场监督管理总局、国家标准化管理委员会批准发布的三项强制性国家标准,包括(　　)。

　　A.《电动汽车安全要求》(GB 18384—2020)

　　B.《电动客车安全要求》(GB 38032—2020)

　　C.《电动汽车用动力蓄电池安全要求》(GB 38031—2020)

　　D. 以上都是

（2）根据新能源(电动)汽车存在的安全隐患以及实际的工作状况,主要从维修安全、碰撞安全、电气安全、功能安全的角度进行设计,以下不属于维修安全的是(　　)。

　　A. 维修开关　　　B. 开盖检测开关　　C. 高压互锁　　　D. 扭矩安全

（3）动力蓄电池相关的安全设计策略包括(　　)。

　　A. 可用容量修正　　　　　　　B. SOC估算及修正

　　C. 能量回馈过程控制　　　　　D. 以上都是

（4）根据国家相关标准,驱动电机三相交流导线绝缘电阻值要求大于(　　)。

　　A. 50Ω/V　　　B. 100Ω/V　　　C. 500Ω/V　　　D. 1000Ω/V

（5）新能源汽车底盘安全检查采用的设备是(　　)。

　　A. 故障诊断仪　　B. 底盘测功机　　C. 安全检测线　　D. 绝缘电阻测试仪

4. 简答/思考题

（1）简述纯电动汽车设计上对碰撞安全保护措施。

（2）简述底盘及车身电气系统安全性能检测的步骤。

任务评价

小组成员、教师分别对基本职业能力及任务完成结果进行综合考评，并根据《职业能力考评表》要求评分，学生自评/同组互评得分供教师考评参考，以教师评分为准。

任务评价表

评分	学生自评：_____分	同组互评：_____分	教师考评：_____分
学生个人总结		学生签名：	年　月　日
小组评语及建议		组长签名：	年　月　日
教师评语及建议		教师签名：	年　月　日

任务3　新能源汽车底盘大修维修质量检测与评估

学生姓名：_____　团队(小组)：_____　时间：_____年____月____日

📓 任务分析

本工作任务共有1个操作项目。

操作任务：新能源汽车底盘大修质量检测与评估。

请根据任务要求，对小组成员进行合理分工，小组进行讨论，参考《工作计划表》的内容制订工作计划，并记录主要内容。

任务分析记录：_____

📓 任务准备

参照《准备工作检查记录表》，阅读"安全须知"、检查并记录完成任务需要的场地、设备、工具及材料。

1. "安全须知"阅读

请在操作之前认真阅读"安全须知"！□已阅读；□未阅读，原因：_____

2. 场地清洁检查

场地清洁，无杂物。检查结果记录：_____

3. 安全检查

无安全隐患。检查结果记录：_____

4. 车辆、设备、工具及其他用品检查

本次实训需要的各种车辆、设备、工具及其他用品型号正确；数量正确；技术参数符合要求；功能正常；外观无损坏。检查结果记录：_____

📓 任务实施

提示：教师根据项目需要提前设置故障。

操作任务：新能源汽车底盘大修质量检测与评估。

新能源汽车底盘大修质量检测与评估实训要求

参考车型	实训车型	操作时间
大众 ID.4		120min

1. 明确本次任务要求

接受工作任务,明确任务内容。

本次工作任务:_____

2. 检测制度与标准的查阅

通过互联网,进行机动车运行安全技术条件(底盘大修维修质量相关)、汽车厂家维修质量标准(底盘大修维修质量相关)、新能源汽车维修技术相关标准(底盘大修维修质量相关)、国家年审制度及流程的查阅。

相关制度与标准名称:_____

3. 检测方案的制定

根据车辆实际情况,查阅《维修手册》等相关资料,制订新能源汽车底盘大修维修质量检测的方案。

检测方案概要:_____

4. 检测方案的实施

使用故障诊断仪器、底盘测功机、目视检查等方法进行新能源汽车底盘驱动轮输出功率、底盘电控系统、机械部件大修维修质量等项目的检测、数据记录与分析。

1)驱动轮输出功率检测

使用汽车底盘测功机检测驱动轮输出功率,填写检测结果,并与电机输出额定功率比较。

检测步骤:_____

检测结果:_____

2)底盘电控系统维修质量检测

使用故障诊断仪器读取新能源汽车底盘电控系统控制单元故障码,分析是否有安全相关的故障码,填写检测结果。

(1)电子制动控制系统故障码检测,填写检测结果。

检测结果:_____

(2)电动助力转向系统故障码检测,填写检测结果。

检测结果:_____

(3)底盘其他电子控制系统故障码检测,填写检测结果。

检测结果:_____

5. 检测报告的撰写

1)评估报告

根据检测结果,填写评估报告,向客户汇报评估结果,如符合技术评价指标,则给出保养或客户使用建议;如不符合评价指标,则向客户或车间主管提出新增维修项目建议。

2)案例分析总结报告

根据检测结果进行案例分析总结报告的撰写,并组织培训与研讨。

1. 填空题

（1）由于_____系统的改变，新能源汽车底盘结构根据_____布置形式也做了改变。

（2）纯电动汽车动力系统是动力蓄电池，以及位于原内燃机位置的一个带有电机的_____（用于减速的变速机构）。

（3）底盘检查时，应视检减振器有无_____及其他损坏，按照相关车型螺栓_____检查螺栓紧固状态。

（4）新能源汽车都使用_____转向系统，并利用逆变器提高_____来驱动转向电动机。

（5）变速驱动机构的减速器油面应该与_____下缘齐平。

2. 判断题

（1）新能源汽车底盘大修维修质量检测制度与标准应参照传统汽车执行。（　　）

（2）新能源汽车制动系统与高压电路连接，控制再生能量。（　　）

（3）新能源汽车采用电子驻车制动，无须进行测试。（　　）

（4）转向系统检查时，将转向盘向左、向右打至极限位置，检测是否有转向盘抖动、转向机异响等故障。（　　）

（5）输出功率检测时，应使用汽车底盘测功机检测驱动轮输出功率。（　　）

3. 单项选择题

（1）现行的《汽车大修竣工出厂技术条件》国家标准编号是(　　)。
　　A. GB/T 35347—2017　　　　B. GB 38032—2020
　　C. GB/T 3798—2021　　　　D. GB/T 3798—2015

（2）底盘大修维修质量检测时，传动及悬架系统的项目包括(　　)。
　　A. 电机及变速传动机构　　　B. 车轮及轮毂、轮胎
　　C. 车架悬架连接状态及前后减振器　D. 以上都是

（3）底盘大修维修质量检测时，以下不属于转向系统项目的是(　　)。
　　A. 检查电动助力转向系统组成部件工作情况
　　B. 检查转向横拉杆球头间隙、紧固程度及防尘套状态
　　C. 检查能量回馈过程控制
　　D. 检查转向助力功能

（4）新能源汽车底盘大修维修质量检测时，应检查的油液包括(　　)。
　　A. 制动液　　　B. 减速器油　　　C. 电机冷却液　　　D. 以上都是

（5）新能源汽车驱动轮输出功率的检测设备是(　　)。
　　A. 故障诊断仪　　B. 底盘测功机　　C. 安全检测线　　D. 绝缘电阻测试仪

新能源汽车常见故障诊断与排除任务工单

4. 简答/思考题

（1）简述新能源汽车底盘电控系统的检测内容。

（2）简述新能源汽车底盘机械、电气部件的检测内容。

任务评价

小组成员、教师分别对基本职业能力及任务完成结果进行综合考评，并根据《职业能力考评表》要求评分，学生自评/同组互评得分供教师考评参考，以教师评分为准。

任务评价表

评分	学生自评：_____分	同组互评：_____分	教师考评：_____分
学生个人总结		学生签名： 年 月 日	
小组评语及建议		组长签名： 年 月 日	
教师评语及建议		教师签名： 年 月 日	